U0925837
芬兰
爱沙尼亚
白俄罗斯
乌克兰
摩尔多瓦
保加利亚
俄罗斯
哈萨克斯坦
蒙古
乌兹别克斯坦
吉尔吉斯斯坦
格鲁吉亚
亚美尼亚
阿塞拜疆
土库曼斯坦
塔吉克斯坦
土耳其
塞浦路斯
黎巴嫩
叙利亚
以色列
巴勒斯坦
约旦
伊拉克
伊朗
阿富汗
克什米尔
巴基斯坦
科威特
巴林
卡塔尔
阿联酋
阿拉伯联合酋长国
沙特阿拉伯
阿曼
也门
埃及
苏丹
南苏丹
厄立特里亚
吉布提
埃塞俄比亚
索马里
乌干达
肯尼亚
卢旺达
布隆迪
坦桑尼亚
马拉维
莫桑比克
赞比亚
津巴布韦
博茨瓦纳
斯威士兰
莱索托
南非
科摩罗
马达加斯加
塞舌尔
毛里求斯
留尼汪
(法)
中华人民共和国
朝鲜
韩国
日本
尼泊尔
不丹
孟加拉国
印度
缅甸
老挝
泰国
越南
柬埔寨
菲律宾
斯里兰卡
马尔代夫
索科特拉岛(也门)
阿明迪维群岛
(印度)
拉克沙群岛
(印度)
安达曼群岛
(印度)
尼科巴群岛
(印度)
查戈斯群岛
(英)
文莱
马来西亚
新加坡
印度尼西亚
东帝汶
巴布亚新几内亚
圣诞岛
(澳)
科科斯群岛
(澳)
阿什莫尔和卡捷群岛
(澳)
所罗门群岛
珊瑚海群岛(澳)
澳大利亚
新西兰
阿留申群岛
(美)
中途岛(美)
夏威夷群岛
(美)
威克岛(美)
北马里亚纳群岛(美)
关岛(美)
马绍尔群岛
密克罗尼西亚联邦
帕劳
基里巴斯
贝克和豪兰岛(美)
瑙鲁
圣诞岛(基)
菲尼克斯群岛(基)
图瓦卢
托克劳(新)
瓦利斯和
富图纳(法)
萨摩亚
美属萨摩亚
瓦努阿图
斐济
纽埃
汤加
新喀里多尼亚
(法)
诺福克岛(澳)
克马德克群岛(新)
查塔姆群岛(新)
邦蒂群岛(新)
安蒂波迪斯群岛(新)
奥克兰群岛(新)
坎贝尔岛(新)
麦夸里岛(澳)
阿姆斯特丹岛(法)
圣保罗岛(法)
克罗泽群岛(法)
爱德华王子群岛
(南非)
凯尔盖朗群岛(法)
极
洲

DK 儿童地图百科全书

它们发生在哪儿

你从未见过的世界历史！

中国大百科全书出版社

Original Title: What Happened When in the World

A Penguin Random House Company

北京市版权登记号：图字 01-2019-4047
审图号：GS（2020）3422号

图书在版编目（CIP）数据

它们发生在哪儿 / 英国DK公司编著；齐东峰，崔子玉译. -- 北京：中国大百科全书出版社，2024.4
（DK儿童地图百科全书）
书名原文：What Happened When in the World
ISBN 978-7-5202-1510-7

Ⅰ. ①它… Ⅱ. ①英… ②齐… ③崔… Ⅲ. ①文化人类学—儿童读物 Ⅳ. ①C958-49

中国国家版本馆CIP数据核字（2024）第073652号

译　　者：齐东峰　崔子玉

地图审定：张宝军

策 划 人：杨　振
责任编辑：应世澄
责任校对：杜　倩
封面设计：殷金旭

DK儿童地图百科全书——它们发生在哪儿
中国大百科全书出版社出版发行
（北京阜成门北大街17号　邮编 100037）
http://www.ecph.com.cn
新华书店经销
北京中科印刷有限公司印制
开本：889毫米×1194毫米 1/8　印张：20
2024年4月第1版　2024年4月第1次印刷
ISBN 978-7-5202-1510-7
定价：168.00元

www.dk.com

古代世界

霍伦斯泰因的狮子人

扎赖斯克的野牛雕像

5～15世纪

唐朝僧人玄奘

现代世界

查尔斯·达尔文
捕捉到的猎蝽

20世纪与21世纪

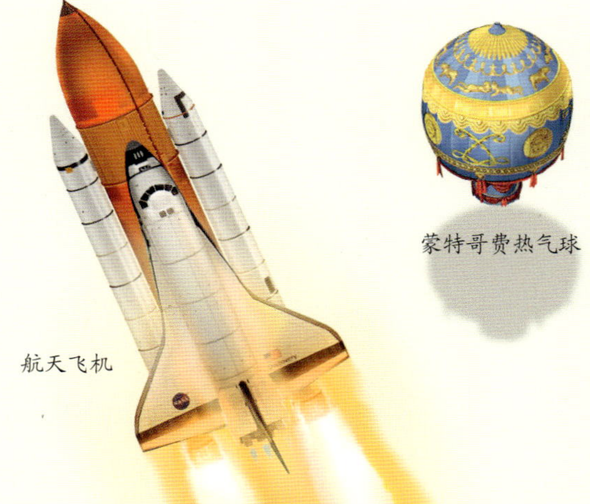

航天飞机

蒙特哥费热气球

古代世界

长生军
这是一幅来自波斯宫殿的壁画，画中的人物是国王的侍卫，即所谓的“长生军”。这些侍卫之所以“长生”，是因为一旦某个侍卫死去，在外人毫无察觉的情况下就会有新侍卫填补空缺。

直立行走的人类
早期人类经过演化后，腿变长、臂变短，开始直立行走。他们的大脑和智力逐渐进化，能够使用精细的工具捕获猎物。

46亿年前

地球的诞生（46亿年前）
地球诞生。

石头工具（250万年前）
早期人类——能人（意为“有技能的人”）发明了工具。工具的材质大多为石头。

直立人（180万年前）
直立人出现。他们是一种早期人类，具有与现代人类相似的特征。

古埃及（前3100）
古埃及文明发展于尼罗河流域。见22~23页

青铜（前3200）
埃及和美索不达米亚的人们探索出了制造青铜的技术。青铜是一种坚硬耐磨的合金。见24~25页

肥皂（前2800）
世界上最早的肥皂出现，由油和碱制成，用于洗涤织物，而不是清洁身体。见44~45页

轮式交通工具（前3200）
目前已知最早的轮式交通工具双轮车出现，发现地位于今斯洛文尼亚境内。见44~45页

文字（前3400）
世界上最早的文字出现在苏美尔（位于美索不达米亚）和埃及。见20~21页

埃及吉萨的胡夫金字塔

胡夫金字塔（前2560）
法老胡夫的金字塔陵墓在埃及吉萨建成。见22~23，42~43页

太平洋上的移民（前2000）
拉皮塔人成为五次迁徙潮中第一批迁徙到太平洋诸岛的移民。见40~41页

奥尔梅克文明与查文文明（前1200、前1000）
墨西哥出现了奥尔梅克文明，秘鲁出现了查文文明。见26~27页

古希腊（前700~前400）
希腊文明成为地中海地区最具影响力的文明。见28~29页

绘有神庙的希腊花瓶

古代

从250万年前我们的祖先开始直立行走算起，人类经历了十分漫长的历史。数万年前，人类以狩猎和采集食物为生，将大部分时间都用在了寻找食物和防御野兽侵袭上。后来，农业的出现促进了人类文明的发展。起初，车轮、灌溉及文字等探索发现和发明创造的进程十分缓慢，但随后便快速发展起来。

纸（105）
中国东汉的蔡伦改进造纸术，降低了纸的生产成本。纸迅速成为流行的书写材料。见44~45页

476年

莫切文明（100）
秘鲁北部的莫切人创造了复杂的艺术作品和纺织品。见26~27页

如果将地球46亿年的历史浓缩为一年的话，最早的

火（79万年前）
人类能够控制火的历史可追溯至这一时期。见44～45页

智人（19.5万年前）
智人（意为“有思想的人”）起源于非洲。见8～9页

第一次大迁徙（10万年前）
智人首次走出非洲到达中东，但是没能存活下来。见8～9页

第二次大迁徙（6.5万年前）
智人再次走出非洲。1.5万年后，他们踏上了亚洲和澳大利亚大陆。见8～9页

洞穴艺术（4万年前）
目前已知最古老的岩画发现于西班牙、法国和澳大利亚。见12～13页

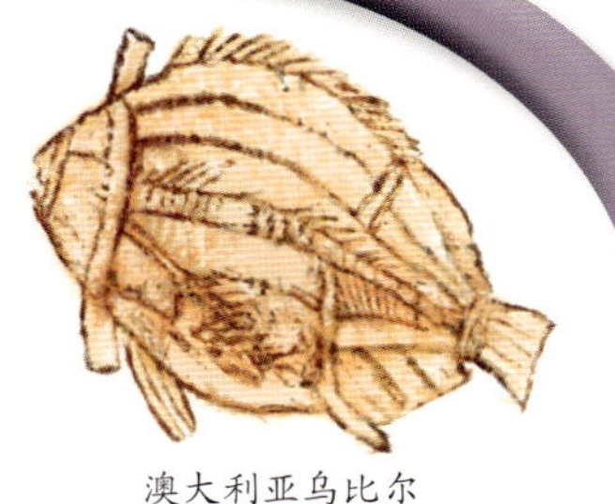

澳大利亚乌比尔岩画中的鱼

远古音乐（4万年前）
目前已知最古老的乐器是一支用兽骨制成的长笛，发现于今德国境内。见44～45页

冰期（2万年前）
地球上距今最近的一次冰期达到巅峰。见10～11页

新石器革命（前9000）
人类开始定居并进行农耕，这一变化又称作农业革命。见14～15页

欧洲巨石建筑（前5000～前2000）
定居下来的人们开始建造巨大的石庙、石墓和环状列石。见16～17页

城市生活（前4500）
世界上最早的城市建于美索不达米亚。见18～19页

玻璃（前3500）
生活在美索不达米亚的人们发明了玻璃。见44～45页

硬币（前610～前600）
吕底亚王国（位于今土耳其境内）铸造出世界上最早的硬币。见44～45页

巴比伦的空中花园（前600）
巴比伦王国壮观的阶梯式花园是古代世界七大奇迹之一。见42～43页

波斯帝国（前550～前330）
居鲁士以波斯（古代伊朗）为中心建立了一个帝国。见30～31页

亚历山大大帝（前334～前323）
马其顿的亚历山大三世将希腊的疆域扩张至亚洲和北非。见32～33页

布匿战争（前264～前146）
通过三次布匿战争，罗马消灭了强大的迦太基并强盛起来。见36～37页

中国的万里长城（前221）
秦王嬴政统一六国，并将各诸侯国抵御北方游牧民族的防御城墙连接起来，筑成万里长城。见34～35页

佩特拉（前1世纪）
纳巴泰王国的都城佩特拉达到鼎盛，成为繁荣的贸易中心和交通要塞。见42～43页

法老统治的终结（前30）
埃及结束了长达3000年的法老统治，成为罗马的行省。见22～23页

罗马帝国（前27）
屋大维被授予“奥古斯都”的尊号，罗马由此进入帝国时代。见38～39页

阿尔忒弥斯神庙
拥有2000年历史的阿尔忒弥斯（希腊神话中的狩猎女神）神庙位于今约旦境内的杰拉什古城。

人类出现在这一年12月31日晚上11时35分。

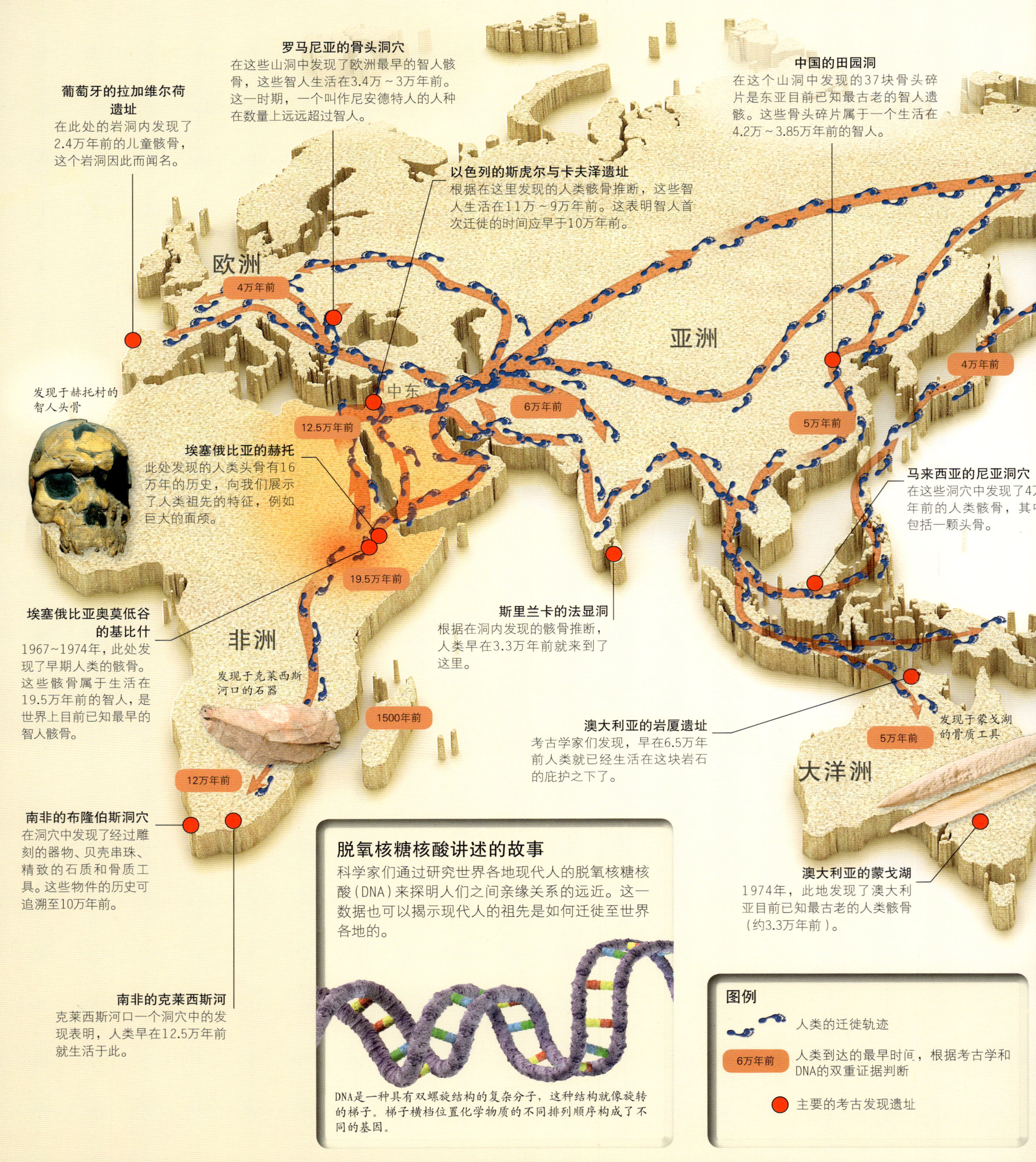

脱氧核糖核酸讲述的故事

科学家们通过研究世界各地现代人的脱氧核糖核酸（DNA）来探明人们之间亲缘关系的远近。这一数据也可以揭示现代人的祖先是如何迁徙至世界各地的。

DNA是一种具有双螺旋结构的复杂分子，这种结构就像旋转的梯子。梯子横档位置化学物质的不同排列顺序构成了不同的基因。

随着我们的种群——智人，走向世界各地，尼安德

科学家们认为，**5万年前**地球上的人口数量仅为**100万**。

19.5万～1.5万年前

走出非洲

现代人的祖先——智人，大约在19.5万年前出现于东非地区。其中一批智人在大约10万年前开始了前往中东的探险之旅，但是大多数智人在此后的8.5万年中仍留在非洲。从6.5万年前起，智人开始不断地走出非洲。这一历程经历了数代人，使人类遍布亚洲、欧洲、大洋洲，并最终到达了美洲。

特人和直立人等人类种群逐渐灭绝了。

冰期达到**巅峰**的时候，**地球表面的1/3**都被冰覆盖着。

2万年前

冰期

随着全球气温的下降，冰盖逐渐形成，冰期开始了。由于水冻成了冰盖，海平面降低，一些原本是海底的地方变成了陆地。距离我们最近的一次冰期称作冰河世纪，其巅峰距今约2万年。后来，冰逐渐融化。如今，上一个冰期遗留下来的巨大冰盖仍覆盖在南极洲和格陵兰岛上。

在冰期，全球的海平面降低了大约

白令陆桥
冰期时，西伯利亚和阿拉斯加是连通的。它们中间形成了一个大陆桥，早期人类便是从亚洲经由这里迁徙到北美洲的。

北欧
在斯堪的纳维亚半岛和欧洲北部大部分陆地上也覆盖着巨大的冰盖。

萨赫尔
海平面下降还形成了一块称作萨赫尔的陆块。这片陆地连接着现在的澳大利亚和新几内亚岛。

波斯湾
冰期时，波斯湾是一片陆地（现在这里是一片浅海）。

巽他
由马来半岛和印度尼西亚构成的陆块称作巽他。它与萨赫尔之间有深海相隔。两地的生物种类差别很大。如今，灵长类动物生活的地方就是当时的巽他，而有袋类动物生活的地方是当时的萨赫尔。

新西兰冰盖
新西兰冰盖融化时，从陆地中心地带缓慢地流向海洋，沿途的陆地表面被削出一道道深谷。冰完全融化后，这些深谷便被海水填满，形成了狭长的水湾，称作峡湾。挪威、阿拉斯加和智利也有峡湾。

图例
现在的海岸线（红色线）
生活在冰期的动物
处于巅峰时期的冰盖（2万年前）
海冰

120米，部分海底暴露出来，形成了陆地。

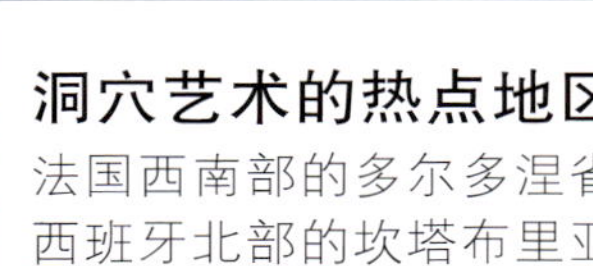

洞穴艺术的热点地区

法国西南部的多尔多涅省和西班牙北部的坎塔布里亚自治区是世界上拥有冰期岩画作品数量最多的地区。德国南部和捷克则拥有丰富的古代雕像和其他形式的作品，其中还包括目前已知最古老的陶制品（陶器）。

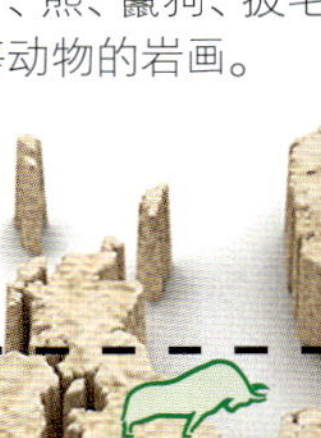

肖维岩洞中的披毛犀

法国的肖维

这个洞穴发现于1994年，洞穴中满是描绘狮子、熊、鬣狗、披毛犀等动物的岩画。

美国犹他州的报纸岩

这是一块画满了岩画（刻画在岩石表面的图案）的石头，这些岩画大部分是近2000年的作品。

北美洲

南美洲

非洲

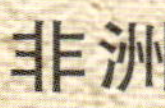

布拉桑普伊的维纳斯

法国的布拉桑普伊

在这个洞穴中，人们发现了一件象牙小雕像，称作“布拉桑普伊的维纳斯”。其制作时间大约在2.5万年前，可能是已知最古老的描绘人类脸庞的雕像。

报纸岩岩画

10万～2000年前 洞穴艺术

早在10万年前，人类就已经学会制作装饰品、首饰和描绘图案了。不过，目前已知最古老的描绘人和动物的作品大约只有4万年的历史。这些作品都是用骨头雕刻而成的，或是绘制在欧洲等地的一些洞穴中，制作时间大约在冰期的巅峰期。

平图拉斯河的模印岩画

阿根廷的平图拉斯河

洞穴的岩壁上画满了手的图案。令人称奇的是，人们在西班牙和澳大利亚也发现了相似的岩画。然而在当时，这些地方之间绝无相互沟通的可能。

图例

岩画

 2万年前（冰期巅峰）

 2万～1万年前（冰期末期）

 1万～2000年前（冰期之后）

 近2000年

雕像

 2万年前

 2万～1万年前

首饰

 2万年前

陶器

 2万～1万年前

岩画原作非常脆弱，如今到法国拉斯科洞窟参观的

游客看到的岩画是用油漆完成的现代复制品。

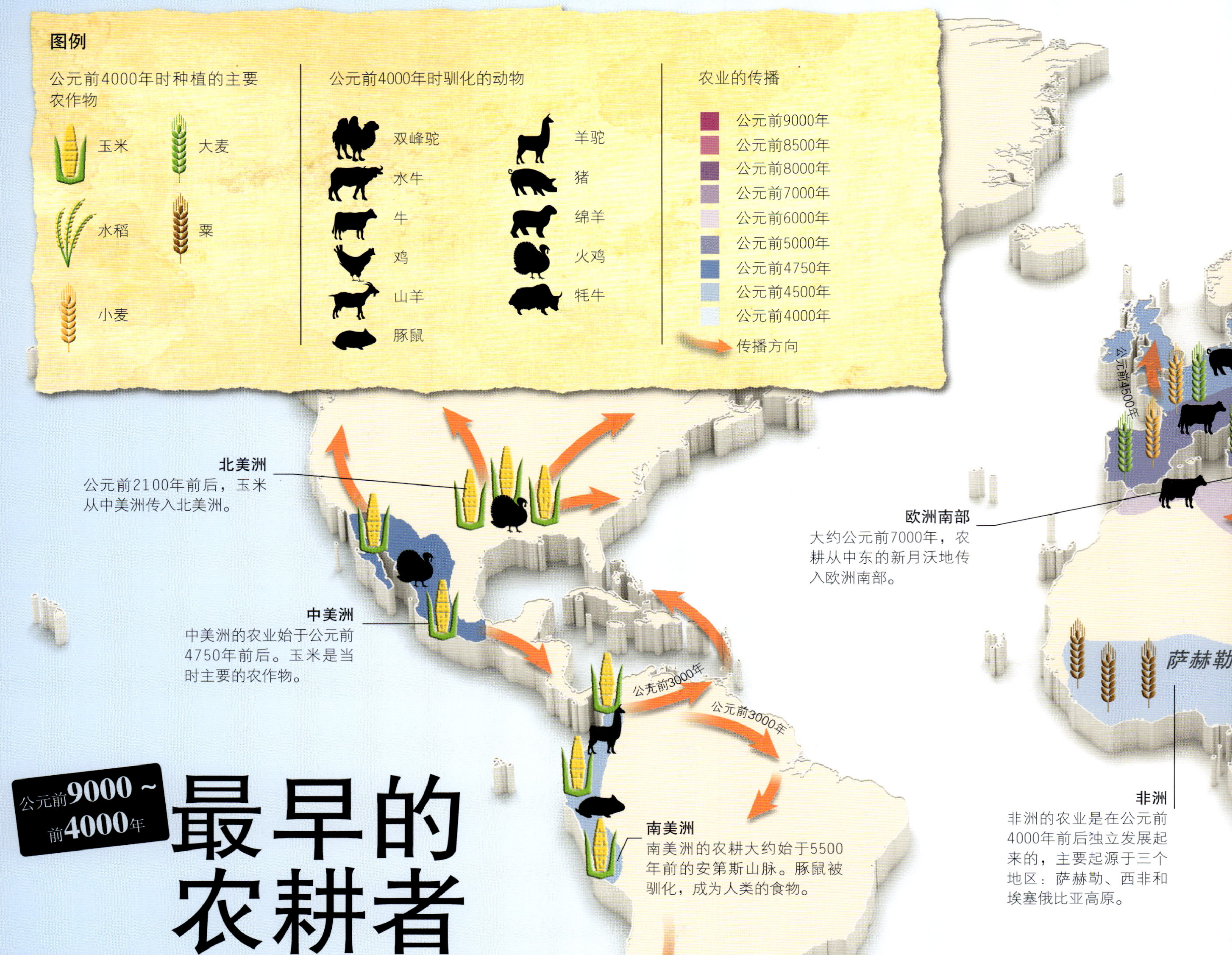

公元前9000～前4000年

最早的农耕者

从大约公元前9000年开始，新石器革命（又称“农业革命”）改变了人类的生活方式。人们开始种植农作物，饲养动物。由于生产的食物越来越多，人们开始定居，村庄形成。后来，随着农耕的发展，城镇也兴建起来。

农耕也存在缺点，那就是容易导致**疾病**暴发。天花、流感、麻疹等疾病更容易由**动物**传染给**人类**。

农耕者最初种植的农作物是一些高高的

早期的牛看上去更像图中这种古老的品种——海客牛。

野草，其中包括原始的大麦和小麦。

公元前9000～公元1300年

巨石建筑

在巨石建筑时代，世界各地的人们都使用巨大的石块建造建筑物。这些建筑物包括陵墓、庙宇、举行仪式的场所，以及用于测量日月星辰位置的观测台。欧洲的巨石建筑时代始于7000年前，东亚和西非的巨石建筑分别始于3000年前和1000年前。

建造英格兰巨石阵的许多石头都是从240千米以

外的地方运来的，其中最大的石头重达40吨。

最早的城市

由于农民生产的食物越来越多，人们开始从村庄移居到镇上，这最早发生于公元前7000年。到公元前4500年，有些镇发展为城市。城市最早出现在美索不达米亚（大部分位于今伊拉克境内），尼罗河流域与印度河流域出现城市的时间也相对较早。这三个拥有城市的地域之间有贸易往来。

来自埃及塞加拉的雕像

考古学家们认为，美索不达米亚的乌鲁

世界上的早期城市

随着时间的推移，城市陆续出现在世界各地。公元前3000～前2000年，秘鲁小北文明的卡拉尔城和其他城市陆续出现；公元前4500年前后，中国的长江流域也出现了城市；公元前1000年，中部美洲的奥尔梅克文明开始发展。

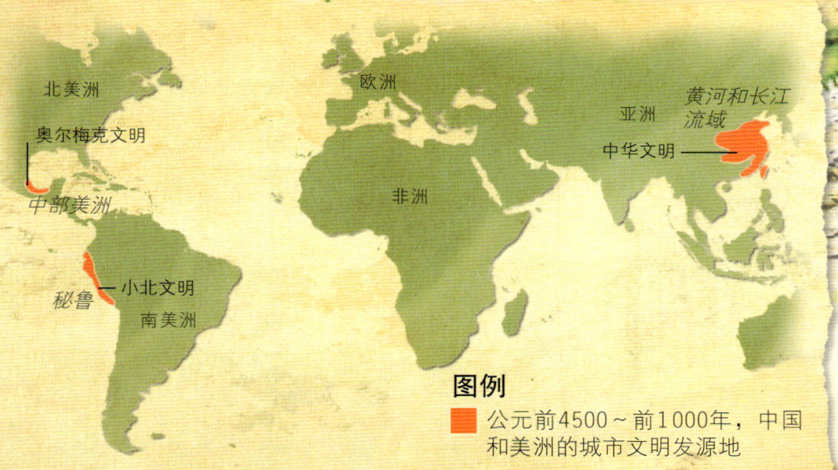
北美洲
奥尔梅克文明
中部美洲
小北文明
秘鲁
南美洲
欧洲
非洲
亚洲
黄河和长江流域
中华文明
图例
公元前4500～前1000年，中国和美洲的城市文明发源地

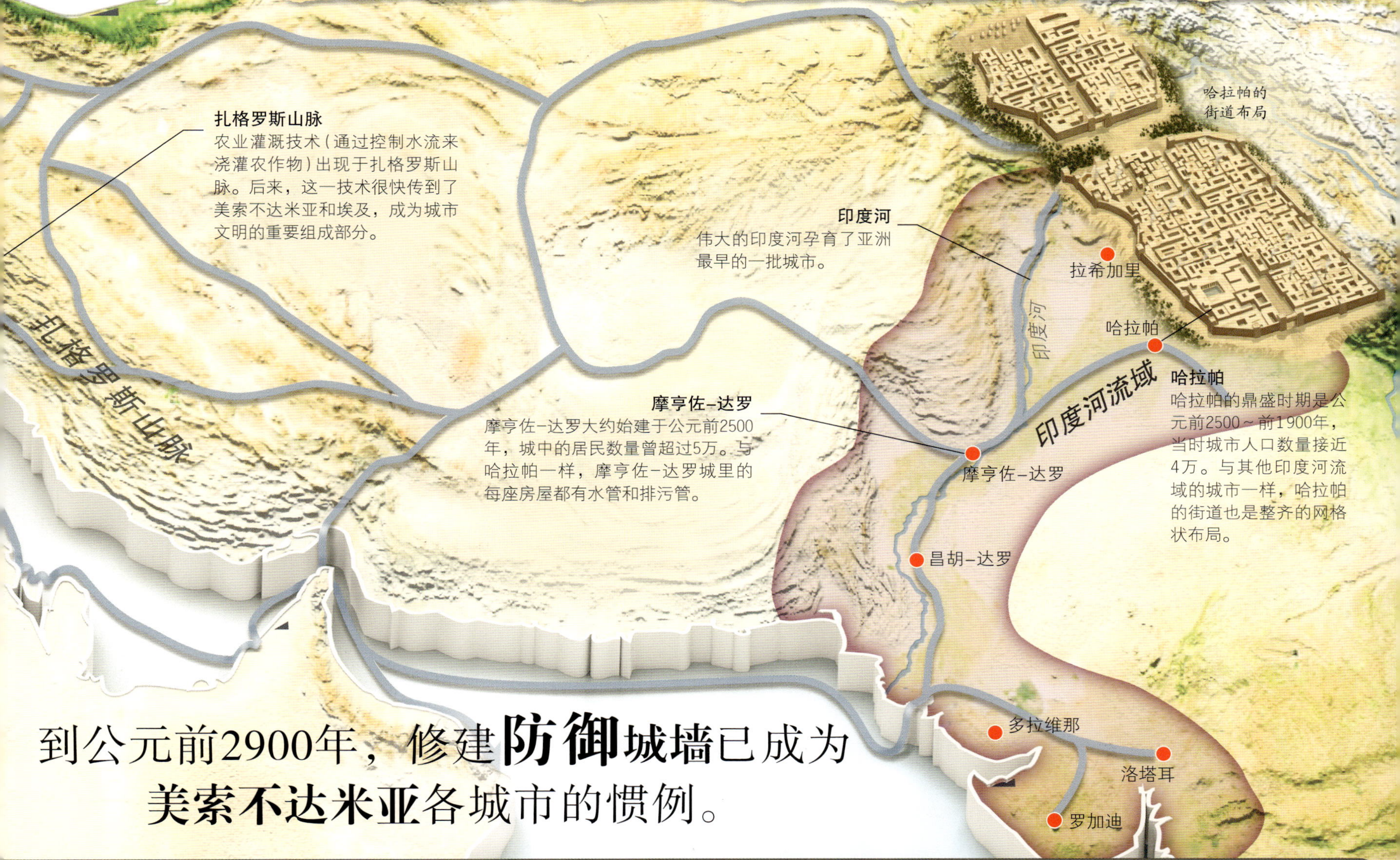
扎格罗斯山脉
农业灌溉技术（通过控制水流来浇灌农作物）出现于扎格罗斯山脉。后来，这一技术很快传到了美索不达米亚和埃及，成为城市文明的重要组成部分。
扎格罗斯山脉
印度河
伟大的印度河孕育了亚洲最早的一批城市。
哈拉帕的街道布局
拉希加里
哈拉帕
印度河
印度河流域
哈拉帕
哈拉帕的鼎盛时期是公元前2500～前1900年，当时城市人口数量接近4万。与其他印度河流域的城市一样，哈拉帕的街道也是整齐的网格状布局。
摩亨佐-达罗
摩亨佐-达罗大约始建于公元前2500年，城中的居民数量曾超过5万。与哈拉帕一样，摩亨佐-达罗城里的每座房屋都有水管和排污管。
摩亨佐-达罗
昌胡-达罗
多拉维那
洛塔耳
罗加迪

到公元前2900年，修建**防御**城墙已成为**美索不达米亚**各城市的惯例。

尼罗河流域

尼罗河流域的城市是埃及古王国时代的一部分。埃及人发展了医学、数学、天文学，并且制定了将每年分成365天的历法。他们使用的计数方法是十进制，与我们现在所使用的相同。

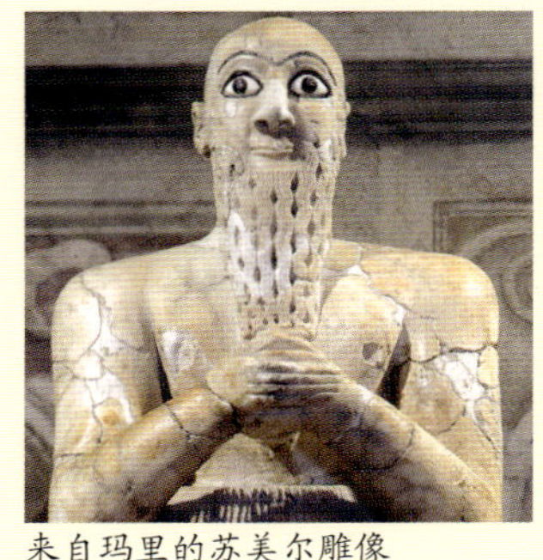

来自玛里的苏美尔雕像

美索不达米亚

在美索不达米亚，苏美尔（位于美索不达米亚南部）城市建立得最早。苏美尔人创造了世界上最早的文字。他们使用精确的历法，也是最早通过制定法律来进行管理的文明。

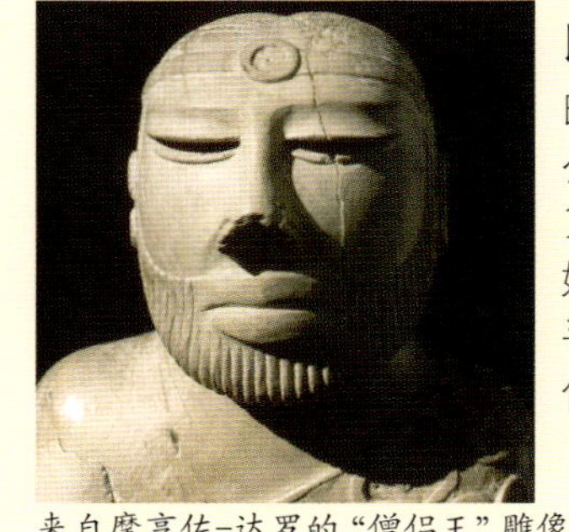

来自摩亨佐-达罗的“僧侣王”雕像

印度河流域

印度河流域文明大约出现在公元前2600年。但是到公元前1700年，大多数城市被莫名其妙地遗弃了。人们留下了一些手工艺品，例如这件叫作“僧侣王”的雕像。

克城在公元前2800年有8万居民。

文字的出现

早在5000多年前，苏美尔和埃及的人们就开始用文字记事了。后来，中国和美洲等其他地区的人们也创造出了完全不同的文字系统。

在中国的神话传说中，第一种文字诞生的那一天就是**新世界的开端**。

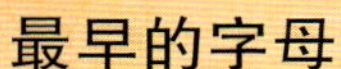

最早的字母

如今许多语言文字中所使用的字母，最初是由居住在迦南和埃及西奈沙漠的人们于公元前1800年前后创造的。他们在埃及象形文字和苏美尔楔形文字的基础上，创造了能表示自己语言发音的原始迦南字母。后来，这种字母又被腓尼基人、希腊人、罗马人先后传承。在每一次传承中，人们都对这些符号的形状和顺序进行了些许调整。

奥尔梅克字符，公元前900年
北美洲的文字可能始自奥尔梅克文明。首次发现奥尔梅克字符的时间是20世纪90年代。修路工人在施工时发现了卡斯卡哈尔石块，石块上刻着奥尔梅克图案符号或字符。

日耳曼卢恩字母，150年
卢恩字母是斯堪的纳维亚地区使用的字符。卢恩字母又称弗萨克，这是前六个卢恩字母连在一起的发音。

奇普结绳语，650年
在印加帝国及更古老的秘鲁文明中，人们用结绳的方式记事。这种方式也称作“会说话的绳结”。人们把羊驼毛纺成绳子，信息就记录在这些不同颜色和样式的绳结上。

有些古代文字的读写方向是由左至右，而有些则

费斯托斯圆盘文字，公元前1800年
这个圆盘来自希腊的克里特岛。人们至今无法破译圆盘上独特的象形文字。

腓尼基字母，公元前1100年
腓尼基人是东地中海的商人，他们拥有自己的字母系统。后来，这些字母被传授给了希腊人。

印度河流域的文字，公元前2600年
专家们至今仍未破译这些神秘的符号，它们是早已消失的印度河流域文明使用的文字。

图例
以下颜色代表出现文字的时间。

- 公元前3000年
- 公元前2000年
- 公元前1500年
- 公元前500年
- 500年
- 重要文字种类的地点

亚洲

迦南

西奈沙漠

中国商代的甲骨文，公元前1600年
中国已知最早的可识别文字是占卜者刻在兽骨或龟壳上的甲骨文。

印度的婆罗米字母，公元前500年
婆罗米字母曾出现在印度孔雀王朝阿育王发布的布告上（左图，公元前3世纪）。这种文字的起源至今无人知晓。不过，婆罗米字母是印度与东南亚许多种文字系统的原型。

苏美尔图案文字，公元前3400年
苏美尔的商人发明了这种目前已知最古老的文字。他们通过在泥板上刻画象形文字（上图，图案符号）来记录货物的数量。数个世纪之后，这些符号演变成压刻在泥板上的简洁的“楔形文字”。

大洋洲

埃塞俄比亚文字（吉兹字母），4世纪
当字母传入埃塞俄比亚后，抄经者用它书写宗教活动中使用的吉兹语。至今，人们仍然在使用吉兹字母书写埃塞俄比亚的各种语言。

埃及象形文字，公元前3100年
在埃及，有一种独特的图案文字叫作象形文字。有些象形文字表示发音，有些表示物体或与之相关的意思。

罗塞塔石碑

如果没有罗塞塔石碑，埃及象形文字对我们而言可能仍然无法破译。石碑上的同一段碑文被写成三种文字：象形文字、世俗体文字（另一种古埃及文字）和希腊文。专家们能够读懂希腊文，因此这块石碑对破解象形文字起到了至关重要的作用。

是由右至左、由上至下，甚至沿“之”字形读写。

“如果有人想知道**我有多伟大**，那就让他来超越**我的一项成就**。”

公元前13世纪，法老拉美西斯二世在自己神庙上的题词

公元前3100～前30年

法老之地

埃及是一个被沙漠包围的国家，仅在尼罗河沿岸有一片狭长的沃土。在尼罗河流域，埃及人建造了巨大的金字塔和宏伟的神庙，还在山坡上挖出深深的神秘墓穴，用来安放逝者的木乃伊。从公元前3100年至公元前30年埃及成为罗马的行省，法老统治了埃及3000多年。

宏伟的斯芬克斯狮身人面像是世界上最大的雕像之一。

图例

○ 主要城市

金字塔
法老们的陵墓。古王国时代的金字塔都建在孟菲斯附近；后来的金字塔则建在努比亚（又称库施，位于今苏丹境内）。

神庙
神庙是献给埃及诸神的神圣建筑。埃及和努比亚的每座大城市都建有神庙。

3000年的历史

古埃及文明是世界上伟大的古代文明之一。它遭受过数次入侵，最终于公元前30年被罗马人征服。

公元前

30	被罗马征服	埃及结束了长达3000年的法老统治，成为罗马的一个行省。
332	希腊化时代	亚历山大大帝征服埃及后，希腊人统治埃及的时期。
747	后王朝时代	埃及本土统治者和外国统治者交替统治的时期。
1069	第三中间期	在此期间，埃及曾被不同的文明征服，如利比亚、努比亚和亚述。
1550	新王国时代	国家富足且与其他国家关系友好的时期。
1650	第二中间期	埃及再次分裂为上埃及和下埃及的时期。
2055	中王国时代	统治权重新归于法老，埃及迎来了稳定和繁荣。
2181	第一中间期	第一个因不同统治者之间的权力斗争而导致动荡的时期。
2686	古王国时代	完全由法老统治的时期。法老们修建了巨大的金字塔。
3100	早王朝时代	上埃及与下埃及统一后的一段时期。

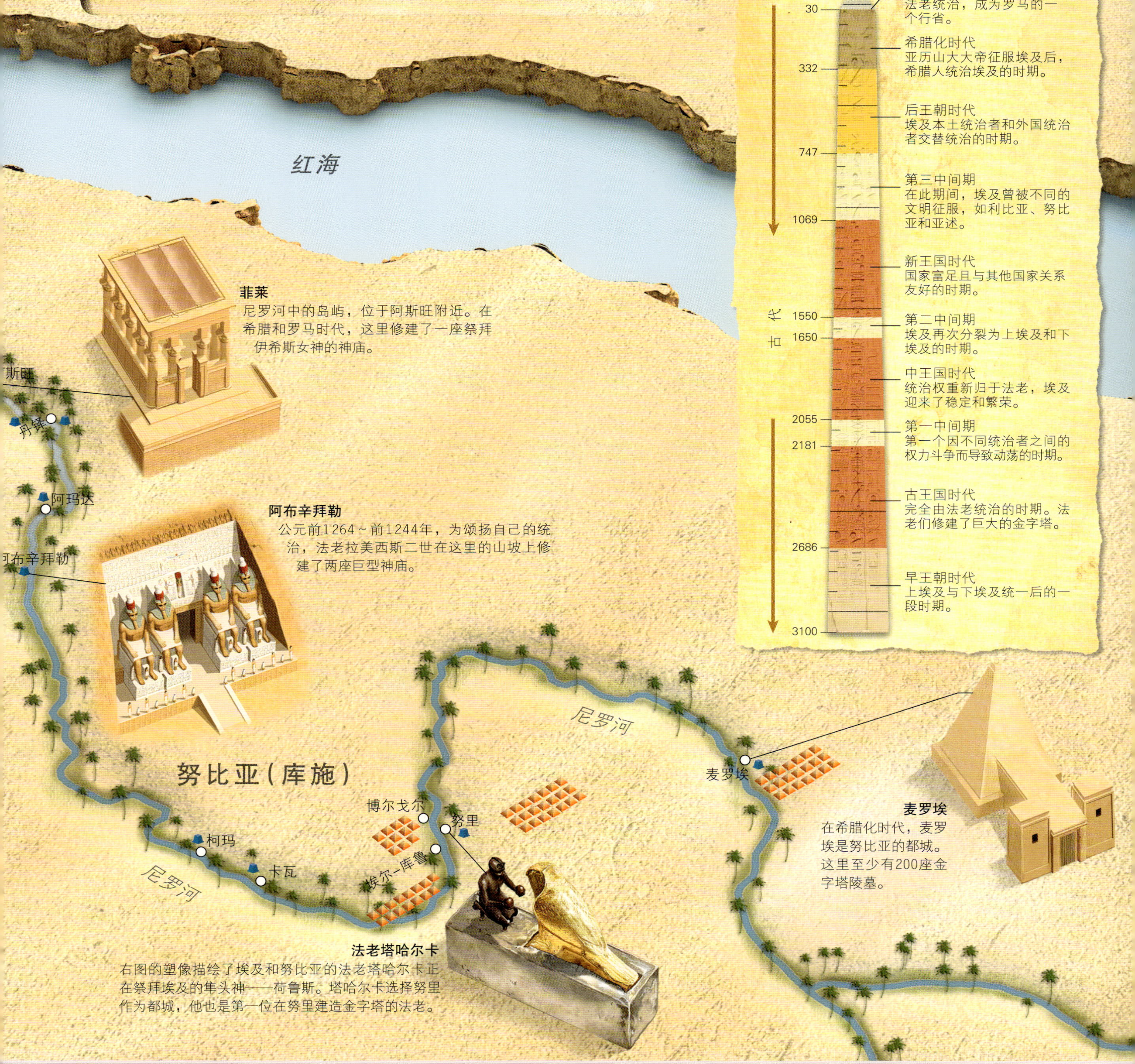

古代

菲莱
尼罗河中的岛屿，位于阿斯旺附近。在希腊和罗马时代，这里修建了一座祭拜伊希斯女神的神庙。

阿布辛拜勒
公元前1264～前1244年，为颂扬自己的统治，法老拉美西斯二世在这里的山坡上修建了两座巨型神庙。

麦罗埃
在希腊化时代，麦罗埃是努比亚的都城。这里至少有200座金字塔陵墓。

法老塔哈尔卡
右图的塑像描绘了埃及和努比亚的法老塔哈尔卡正在祭拜埃及的隼头神——荷鲁斯。塔哈尔卡选择努里作为都城，他也是第一位在努里建造金字塔的法老。

它的长度比六辆校车连起来还长，高度比六层楼还高。

公元前3200～前1200年 青铜时代

公元前3200年前后，埃及和美索不达米亚的人们向高温的铜内加入锡，合成更加坚硬耐磨的金属——青铜。这种新的金属既能用来制作工具、武器和铠甲，又可以制作精美的饰品。在美索不达米亚和中东地区，随着城市和文明的发展，青铜铸造技术广泛传播。城市对稀有金属锡的需求也随之增加。到公元前1250年，世界上最大的几个国家都需要通过长长的贸易线来维持锡的供应。

公元前1200年前后，埃及、希腊和巴比伦等地的青铜

中国的青铜器

早在公元前2000年，中国和东南亚地区就出现了蓬勃的青铜铸造业。在中国的许多考古遗址中，都出土过青铜器。中国青铜器发展的高峰出现于商代中后期至西周前期。河南安阳殷墟和四川广汉三星堆都出土了工艺精湛的青铜重器。

中国商代的青铜援戈（约前1500）

图例

这幅地图展示了公元前1250年青铜时代的欧洲和西亚。

 基于青铜铸造业的中东主要文明区域

 其他有青铜铸造业的人类文明区域

 没有青铜铸造技术的区域

 铜产地
在青铜时代，铜广泛地分布在世界各地。

 锡产地
锡是冶炼青铜所需的另一种金属。然而中东却没有主要的锡产地。埃及、巴比伦等大国不得不从遥远的地区进口锡，例如大不列颠岛。

阿富汗
阿富汗盛产锡。不过，考古学家们无法确定这里出产的锡是否被运到了中东城市。

“死亡是它们凶猛的代言，甚至将**耀眼的阳光**都甩在了身后。”

古希腊诗人赫西奥德在《工作与时日》（约前700）中这样描述青铜时代

文明都土崩瓦解了，几乎没有留下任何历史记录。

玛雅文明，公元前400 ~ 公元900年
玛雅文明由许多座独立的城市组成，主要分布在现在的墨西哥、伯利兹、危地马拉和洪都拉斯。典型的玛雅城市在公元800年以后都衰落了，但玛雅文明中的一部分却存续至今。

玛雅历法

墨西哥

巨大的奥尔梅克石雕头像

萨波特克水缸上的雨神科奇乔

拉古纳德罗斯塞罗思

圣洛伦索

拉本塔

特雷斯萨波特斯

阿尔班山

迪兹比查尔顿

奇琴伊察

卡拉克穆尔

奎略

帕伦克

埃尔米拉多尔

蒂卡尔

苏南图内奇

恰帕德科尔索

托尼纳

亚克锡兰

塞巴尔

卡拉科尔

阿尔塔德萨克里菲西奥斯

圣克鲁兹

基里瓜

阿尔塔米拉

科潘

阿基里斯萨尔当

拉维多利亚

卡米纳尔胡尤

拉斯维多利亚斯

拉布兰卡

中美洲

萨波特克文化，公元前500 ~ 公元900年
萨波特克文化诞生于瓦哈卡山谷，位于现在的墨西哥南部地区。其都城阿尔班山曾统治此地1000多年。在阿尔班山的中心有一座祭祀平台，形状好似金字塔的底座。

奥尔梅克文明，公元前1200 ~ 前400年
奥尔梅克人在墨西哥南部地区建造了许多城市。他们创造了一种文字系统，拥有自己的历法和神灵，还建造了金字塔式神庙。这些都留传给了后来的萨波特克人和玛雅人。

复杂的**玛雅历法**中有一种长纪年历，其周期大约为**5126年**。

公元前**1200** ~ 公元**900**年

古代美洲

3000多年前，城市文明在美洲的两个不同区域发展起来。在今墨西哥南部所在的地区，擅长种植玉米的奥尔梅克人积累了越来越多的财富，他们建造了含有金字塔式神庙的大型宗教仪式中心。同一时期，秘鲁的渔民和农民发展出了另一种文明，即查文文明。他们的城市也以神庙为中心，神庙的形状是平顶的金字塔。

玛雅文字

玛雅人发展出了先进的天文学、数学和医学，还创造出一种复杂的文字系统。玛雅人的文字由大约500个字符组成，这些字符以字块的形式成对排列。玛雅象形文字的读写方式是：从上至下每两列为一组，从左到右沿“之”字形顺序读写。

玛雅富人认为高长的头型更漂亮，因此会用

土丘建造者

当玛雅人建造金字塔式神庙的时候，居住在北美洲的人们在密西西比河和俄亥俄河流域也建造了许多神秘的建筑物——形状和样式各异的土丘。有些土丘是墓葬，但大多数土丘的建造目的至今仍不得而知。建造这些土丘的人被统称为土丘建造者，但他们其实分属于不同的文明。

美国俄亥俄州的蛇丘——霍普韦尔文化的遗迹

霍普韦尔和阿迪纳文化的土丘，公元前700～公元400年

大西洋

南美洲

太平洋

莫切文明，100～800年

莫切人兴盛于秘鲁北部的沿海地区。他们善于纺织和加工金属，也善于制作各种样式的陶器。莫切陶器有时会被制成人像的样子，并且通常带有马镫形壶嘴。

莫切人的耳环

查文人的豹头石雕

纳斯卡文明，公元前350～公元650年

秘鲁的纳斯卡人因彩陶和纳斯卡线条闻名。纳斯卡线条是在此地的荒漠中发现的一种不可思议的线条。这些线条构成的图案非常庞大，只有从高空才能看清它们的全貌，创造它们的艺术家可能从没有看到过完整的作品。

纳斯卡线条的猴子形象

查文文明，公元前1000～前200年

秘鲁的查文文明可能是由建立美洲最早城市的小北文明演化而来的。查文文明的建筑物上有从墙壁上凸出来的石雕，表现的是青面獠牙的美洲豹。

切罗维克斯

西潘

帕卡纳姆

瓦卡克德尔布鲁伊

莫切

托马巴

帕尼亚马克

查文-德万塔尔

斯雅科陶

安孔

格拉古

秘鲁

帕拉卡斯

英吉尼奥大草原

纳斯卡

卡瓦其

坦博维耶荷

图例

奥尔梅克文明分布区域	奥尔梅克文明遗址
萨波特克文化分布区域	萨波特克文化遗址
玛雅文明分布区域	玛雅文明遗址
查文文明分布区域	查文文明遗址
纳斯卡文明分布区域	纳斯卡文明遗址
莫切文明分布区域	莫切文明遗址

几块板子夹住孩子的头，改变头颅的形状。

公元前700～前400年 古希腊

古希腊是一个由雅典和斯巴达等城邦组成的集合体。这些城邦的居民使用相同的语言，有着相同的宗教信仰，以及相同的体育、戏剧和诗歌爱好。有时，各城邦会联合起来对抗共同的敌人，如波斯。但有时，城邦之间也会发生战争。在各城邦中，斯巴达和雅典是一对强大的竞争对手。斯巴达是以勇士为傲的城邦，而雅典则是民主的诞生地和伟大的科学家与政治家的故乡。

意大利

亚得里亚海

第勒尼安海

伊奥尼亚海

西西里岛

图例

这幅地图展示了公元前431年的希腊及其殖民地（被希腊人控制的区域），以及支持雅典或斯巴达的城邦分布情况。

- 雅典及其盟友
- 斯巴达及其盟友
- 中立城邦和殖民地

波塞多尼亚

希腊人在殖民地建造神庙，以供奉他们的神。波塞多尼亚最古老的神庙供奉的是守护婚姻和女性的赫拉女神。

神庙

波塞多尼亚

叙拉古

叙拉古（今意大利锡拉库萨）是最有影响力的希腊城邦之一。公元前415年，它成为雅典攻击的目标。雅典人拥有最强大的舰队，战船由双帆和三排桨驱动。不过，他们的这次远征却以惨败告终。

战船

叙拉古

奥林匹亚

公元前776年，希腊世界的运动员们开始在奥林匹亚的宙斯神庙（圣地）举行赛跑、掷铁饼及其他体育运动竞赛。

掷铁饼

“我不是**雅典人**，也不是**希腊人**，我是**世界公民**。”

这句话据说是古希腊哲学家苏格拉底（前469～前399）的名言

雅典对战斯巴达

公元前431～前404年，雅典和斯巴达之间爆发了伯罗奔尼撒战争。雅典在战争初期获得了土地并组建了强大的舰队。不过，斯巴达有许多盟友，而且斯巴达勇士从七岁就开始接受训练。最终斯巴达人取得了战争的胜利。

希腊的每一个城邦里都有制陶作坊，生产

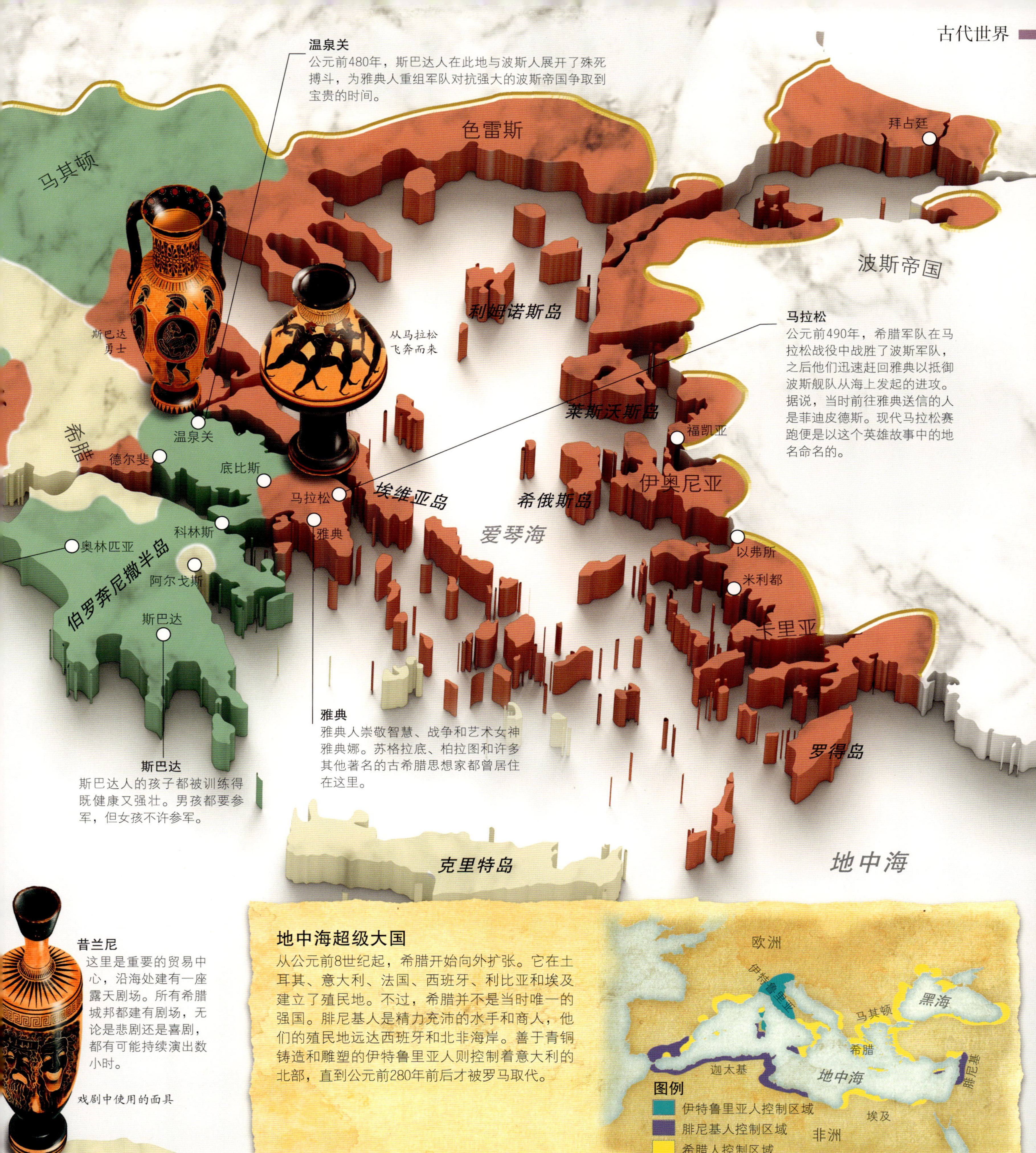

温泉关

公元前480年，斯巴达人在此地与波斯人展开了殊死搏斗，为雅典人重组军队对抗强大的波斯帝国争取到宝贵的时间。

马拉松

公元前490年，希腊军队在马拉松战役中战胜了波斯军队，之后他们迅速赶回雅典以抵御波斯舰队从海上发起的进攻。据说，当时前往雅典送信的人是菲迪皮德斯。现代马拉松赛跑便是以这个英雄故事中的地名命名的。

雅典

雅典人崇敬智慧、战争和艺术女神雅典娜。苏格拉底、柏拉图和许多其他著名的古希腊思想家都曾居住在这里。

斯巴达

斯巴达人的孩子都被训练得既健康又强壮。男孩都要参军，但女孩不许参军。

昔兰尼

这里是重要的贸易中心，沿海处建有一座露天剧场。所有希腊城邦都建有剧场，无论是悲剧还是喜剧，都有可能持续演出数小时。

地中海超级大国

从公元前8世纪起，希腊开始向外扩张。它在土耳其、意大利、法国、西班牙、利比亚和埃及建立了殖民地。不过，希腊并不是当时唯一的强国。腓尼基人是精力充沛的水手和商人，他们的殖民地远达西班牙和北非海岸。善于青铜铸造和雕塑的伊特鲁里亚人则控制着意大利的北部，直到公元前280年前后才被罗马取代。

当时最流行的杯子、罐子、花瓶等器皿。

公元前550～前330年

波斯帝国

波斯帝国的扩张十分迅速。它吞并了许多国家，疆域从现在的希腊一直延伸至巴基斯坦。公元前5世纪，波斯帝国达到鼎盛，疆域横跨三大洲，人口占当时世界人口的2/5。然而，自从开始入侵希腊，波斯帝国就陷入了连年的战争之中，并以失败告终。

居鲁士大王因创建了世界上第一个邮政

“我是为波斯人建立帝国的居鲁士。不要因为我拥有这块埋葬我的土地而感到不快。”

居鲁士大王的墓志铭

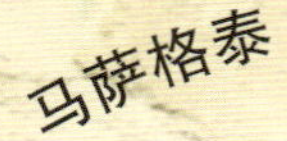

里海

索格狄亚那

梅尔夫

巴克特里亚

犍陀罗

坎大哈

波西斯

7. 居鲁士之死
公元前530年，居鲁士在与中亚马萨格泰人的战斗中阵亡。他的儿子冈比西斯二世（沿用了居鲁士的父亲冈比西斯一世的名字）继承了王位。

7 公元前530年 锡尔河

3. 击败米底人
公元前549年，居鲁士夺取了米底都城埃克巴塔纳。征服米底人后，他成为波斯帝国的第一位国王。

3 埃克巴塔纳

苏萨宫殿琉璃砖上的壁画，表现的是大流士一世的侍卫，即著名的“长生军”。

10. 苏萨的宫殿
大流士一世将苏萨作为波斯帝国的另一座都城，并在这里建造了巴比伦风格的宫殿。

2. 帕萨尔加德战役
在帕萨尔加德战役中，居鲁士击败了阿斯提阿格斯国王。后来，帕萨尔加德成为居鲁士阿契美尼德王朝的都城。

1. 居鲁士继位
公元前558年，居鲁士成为波西斯帕尔萨部落的首领。此时，他的领地仍是米底国王阿斯提阿格斯疆域的一部分。

1

2

9 波斯波利斯

9. 波斯波利斯的建筑
公元前520年，冈比西斯二世的继承人大流士一世下令建造新都城波斯波利斯。

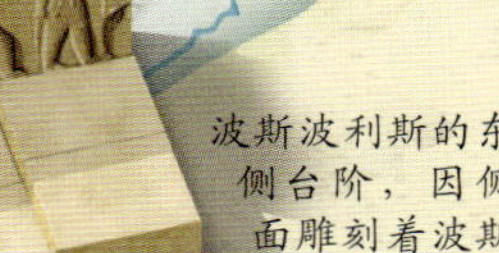

波斯波利斯的东侧台阶，因侧面雕刻着波斯人民的肖像而闻名。

图例

① 重要地点

波斯帝国的扩张过程（前550～前480）

公元前550年之前的波斯疆域

至公元前549年时获得的疆域

至公元前525年时获得的疆域

公元前480年时帝国达到鼎盛时的疆域

公元前525年 战役（含年份）

波斯御道

波斯御道由大流士一世下令修建，从苏萨至萨迪斯，全长约2700千米。王室信使用九天即可走完整条御道。

希波战争（前490～前479）
公元前492年，大流士一世发起了一场注定失败的入侵希腊本土的战争。
公元前480年，大流士一世的儿子薛西斯一世又重蹈覆辙。

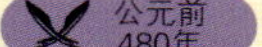

希腊胜利（含年份）

波斯胜利（含年份）

波斯对希腊的作战路线

居鲁士大王

居鲁士大王不仅是一位伟大的征服者，还具有统治者应该具备的各种品质：对其他宗教和文化的宽容，以及对其所击败敌人的宽宏大量。

系统和颁布了第一部人权法典而闻名。

公元前334～前323年

亚历山大大帝

亚历山大大帝（又称亚历山大三世）是历史上最伟大的军事统帅之一。他征服了广阔的土地，并将希腊人的思想、习俗和文化带到这些地方，从而缔造了一个广阔的国家。这位年轻的国王仅用十多年时间，就击败了强大的波斯帝国，建立了一个东起印度、西至埃及的超级帝国。

改变世界

在征服各地的同时，亚历山大大帝也将希腊人的语言、习俗和文化带到了这些地方。如今，西起土耳其，东至中亚地区，都发现过希腊风格的人物肖像。

巴克特里亚（位于今阿富汗境内）的希腊风格硬币

许多被亚历山大征服的国家和地区，在

马其顿国王亚历山大三世

亚历山大童年时期目睹了父亲马其顿国王腓力二世主宰希腊的过程。21岁时，年轻的亚历山大继承王位并很快展现出自己勇猛善战的军事天赋，他甚至从未打过败仗。不过，亚历山大之所以被人们铭记，还因为他是一位具有优秀外交能力并且对被征服者仁慈宽容的统帅。

“儿子，你必须建立一个可以让你**充分施展**雄心的王国。”

公元前346年，亚历山大之父马其顿国王腓力二世对亚历山大这样说

7. 高加米拉战役
公元前331年10月在高加米拉，亚历山大与大流士三世第二次相遇。大流士再次逃走，亚历山大的胜利预示着波斯帝国即将终结。

10. 大流士之死
亚历山大追击大流士三世至里海关隘，发现大流士已死于关隘的另一侧。

11. 探索北方
公元前329年，在视察其所征服土地的过程中，亚历山大向北行军至锡尔河，随后班师。

12. 婚姻
亚历山大在夺取了粟特岩山之后，迎娶了粟特贵族奥克夏特斯之女罗克珊娜。

13. 希达斯佩斯河战役
在希达斯佩斯河战役中，亚历山大战胜了波鲁斯国王。

14. 叛乱
经过九年的征战，当到达希发西斯河时，希腊士兵们再也不肯继续前进，军队只得返回。

16. 亚历山大之死
公元前323年6月10日，亚历山大在巴比伦身亡，死因不明，年仅32岁。

9. 洗劫波斯都城
亚历山大抵达波斯都城波斯波利斯。他的军队洗劫了这座城市。后来，他将波斯宫殿付之一炬。

15. 沙漠亡灵
亚历山大率领军队穿过了马克兰沙漠。许多士兵在途中丧生。

二三百年后仍处于希腊的统治之下。

长城

如今存世的大多数长城不是地图中的秦长城，而是明朝（1368～1644）修建的明长城。秦朝修建的长城保存下来的很少。

匈奴

从公元前3世纪起，擅长骑射的匈奴便开始频繁南下侵扰各诸侯国。秦始皇将长城连接起来之后，在一定程度上削弱了匈奴的进攻，不过这样的袭扰一直持续到汉朝（秦灭亡后，汉高祖刘邦于公元前202年建立的王朝）。

月氏

月氏属于印欧民族（与汉语相比，他们的语言更接近欧洲、印度和伊朗等地的语言），经常与匈奴发生冲突。月氏与秦有贸易往来，向秦提供战马。

与秦始皇一同葬于咸阳的兵马俑

咸阳

咸阳位于现在的西安附近，是秦帝国的都城。秦始皇死后，葬于咸阳的皇陵中。皇陵内有7000多个真人大小的陶制人俑，以及若干战车和陶马。这些兵马俑的作用是保护死后的皇帝免受侵扰。

秦国

秦国是战国时期（前475～前221）七大诸侯国之一。经过200多年的战争，秦国成为最强大的诸侯国，并先后击败其他诸侯国，统一了中国。

> “天下共苦战斗不休，以有侯王。”
>
> 秦始皇（前259~前210），秦朝第一位皇帝

没有人知道长城究竟有多长，据测量，现今

公元前221～前206年

中国的万里长城

中国的长城最早建造于春秋战国时期。当时各诸侯国之间战乱不断，有些诸侯国开始建造长城，以阻挡来自其他诸侯国或北方游牧民族的入侵。公元前221年，秦王嬴政灭六国，统一了天下。他开始将各段长城连接起来，筑成万里长城。秦王嬴政自称始皇帝（意为“第一位皇帝”），统治秦帝国直到公元前210年。

遗存的中国历代长城总长度为21196.18千米。

公元前219～前202年

罗马与汉尼拔

公元前219年，迦太基名将汉尼拔重新挑起了迦太基与强大的竞争对手罗马之间的战争。罗马人把这一系列冲突称作“布匿战争”，名称来自罗马人对腓尼基人建立的迦太基的称呼“布匿库斯”。汉尼拔率领军队翻山越岭来到意大利中部，频频取得胜利，几乎将整个罗马共和国推翻。不过，第二次布匿战争仍然以汉尼拔在迦太基附近被击败告终。

迦太基人被称为“布匿”或“紫色商人”，这源于

5. 罗讷河

公元前218年9月，汉尼拔和他的军队（38000步兵、8000骑兵和38头战象）渡过罗讷河。

6. 阿尔卑斯山脉

汉尼拔率领他的大军翻越阿尔卑斯山脉进入意大利北部。这是历史上最成功的军事策略之一。然而，经历这次翻山越岭后，汉尼拔的战象所剩无几了。

汉尼拔

迦太基的汉尼拔是古代伟大的军事统帅之一。他是罗马人遇到的最聪明、最强大的对手。如果能够从迦太基获得所需要的支持，他很可能会击败罗马。

7. 特雷比亚河

公元前218年12月，汉尼拔在特雷比亚河战役中击败了罗马军队。

9. 穿越意大利

汉尼拔率领军队穿越了意大利中部和南部，意图挑起罗马共和国内部的叛乱。

11. 梅陶罗河

公元前207年，汉尼拔的弟弟哈斯德鲁巴・巴卡将军在梅陶罗河战役中战败。罗马人割下了他的头颅，在意大利炫耀了一番之后，又将其扔进了汉尼拔的军营。

“我发誓，只要年龄允许……我将用**怒火**和**武器**消灭**罗马**。”

汉尼拔儿时向父亲哈米尔卡许下的誓言

8. 特拉西梅诺湖

公元前217年6月，在特拉西梅诺湖畔，汉尼拔利用伏击战术击败了罗马人。由于缺乏装备，他决定不再继续攻击罗马城。

10. 坎尼

在公元前216年的坎尼战役中，汉尼拔的军队俘获和杀死了5万～7万罗马人。这是罗马人损失最惨重的一次战役。

12. 西庇阿

公元前204年，罗马军队在西庇阿的率领下入侵非洲。

14. 扎马

公元前202年10月19日，在扎马战役中，罗马人在西庇阿的指挥下击败了汉尼拔指挥的迦太基人。迦太基的失败标志着第二次布匿战争的结束。

13. 克罗顿

公元前203年，在意大利征战了近15年之后，汉尼拔从克罗顿启程，返回迦太基迎战罗马将军西庇阿。

他们出售的一种给王室衣物染色的紫色染料。

公元前27～公元476年

罗马帝国

哈德良长城
哈德良皇帝下令在罗马帝国的北部边境（位于大不列颠岛）建造长城。该工程始建于122年。

喀里多尼亚人
喀里多尼亚人突破了哈德良长城，袭击了大不列颠岛南部罗马人占领的地区。

条顿堡森林战役
公元9年，舍罗斯克人与其他日耳曼部落摧毁了三个罗马军团。

坎尼
公元前216年，迦太基将领汉尼拔在坎尼击溃了罗马军队。

阿莱西亚战役
公元前52年，尤利乌斯·恺撒战胜了高卢领袖韦辛格托里克斯，将高卢变成罗马的一个行省。

坎塔布里人
公元前29～前19年，坎塔布里人与罗马人争夺西班牙西北部的控制权。

迦太基
公元前146年，罗马人包围并摧毁了曾经的劲敌迦太基。

喀里多尼亚
海伯尼亚
不列颠尼亚
伦底纽姆
舍罗斯克勇士
日耳曼尼亚
科洛尼亚·阿格里皮娜
比尔吉卡
欧洲
奥古斯塔-温德利科伦
伊利里库姆
达尔马提亚
布迪格拉
高卢
卢格杜努姆
米迪欧兰尼恩
拉文纳
内毛苏斯
马萨里亚
意大利
罗马
奥斯提亚
庞贝
塔拉戈纳
西班牙
科尔多瓦
新迦太基城
加的斯
丹吉尔
恺撒勒雅
毛里塔尼亚
努米底亚
迦太基
斯贝特拉
西西里
叙拉古
地中海
非洲
大莱普提斯

117年，图拉真皇帝统治时期的最后一年，罗马帝国的面积达到顶峰，疆域横跨欧洲和北非，西北边境已到达大不列颠岛，东南边境则到达了中东地区。

在鼎盛时期，罗马帝国统治着6500万～8800万

达契亚人

106年，达契亚人被图拉真皇帝征服，达契亚成为罗马帝国的一个行省。

亚克兴海战

公元前31年，屋大维击败竞争对手安东尼和克莱奥帕特拉，成为罗马的统治者。

帝国的终结

到5世纪时，罗马帝国已经有近500年的历史。不过，它分裂成了两部分，即东罗马帝国（拜占廷帝国）和西罗马帝国。地图展示的是公元500年时的欧洲。此时，东罗马帝国的都城为君士坦丁堡。西罗马帝国已经被北部的哥特人、法兰克人、汪达尔人和勃艮第人击溃。

图例

法兰克王国
东哥特王国
勃艮第王国
西哥特王国
汪达尔王国
东罗马帝国
萨珊王朝

皮克特人
不列颠群岛
爱尔兰人
丹麦人
不列颠人
斯拉夫人
图林根人
布列塔尼人
阿勒曼尼人
伦巴德人
巴斯克人
阿尔卑斯山脉
拉文纳
罗马
君士坦丁堡
迦太基

帕提亚军队

虽然帕提亚拥有技术精湛的骑兵，但还是在114～117年败给了图拉真皇帝，失去了亚美尼亚、亚述和美索不达米亚。

纳波卡
达契亚
色雷斯
马其顿
帖撒罗尼迦
拜占廷
尼科波利斯
科林斯
雅典
希腊
以弗所
小亚细亚
亚美尼亚
美索不达米亚
亚述
叙利亚
巴尔米拉
帕提亚
塞浦路斯
阿拉比亚
朱迪亚
佩特拉
亚历山大里亚
昔兰尼
埃及

耶路撒冷

公元70年，在朱迪亚的犹太人举行大起义之后，罗马军队摧毁了这座城市和城中的圣殿。

“我来到了，我看见了，我征服了。”

公元前47年，尤利乌斯·恺撒在小亚细亚战胜本都国王法纳西斯二世时的豪言壮语

图例

罗马帝国扩张时期的主要战役

主要城市

行省

117年，罗马帝国疆域最大时的边境

人口，约占当时世界总人口的20%。

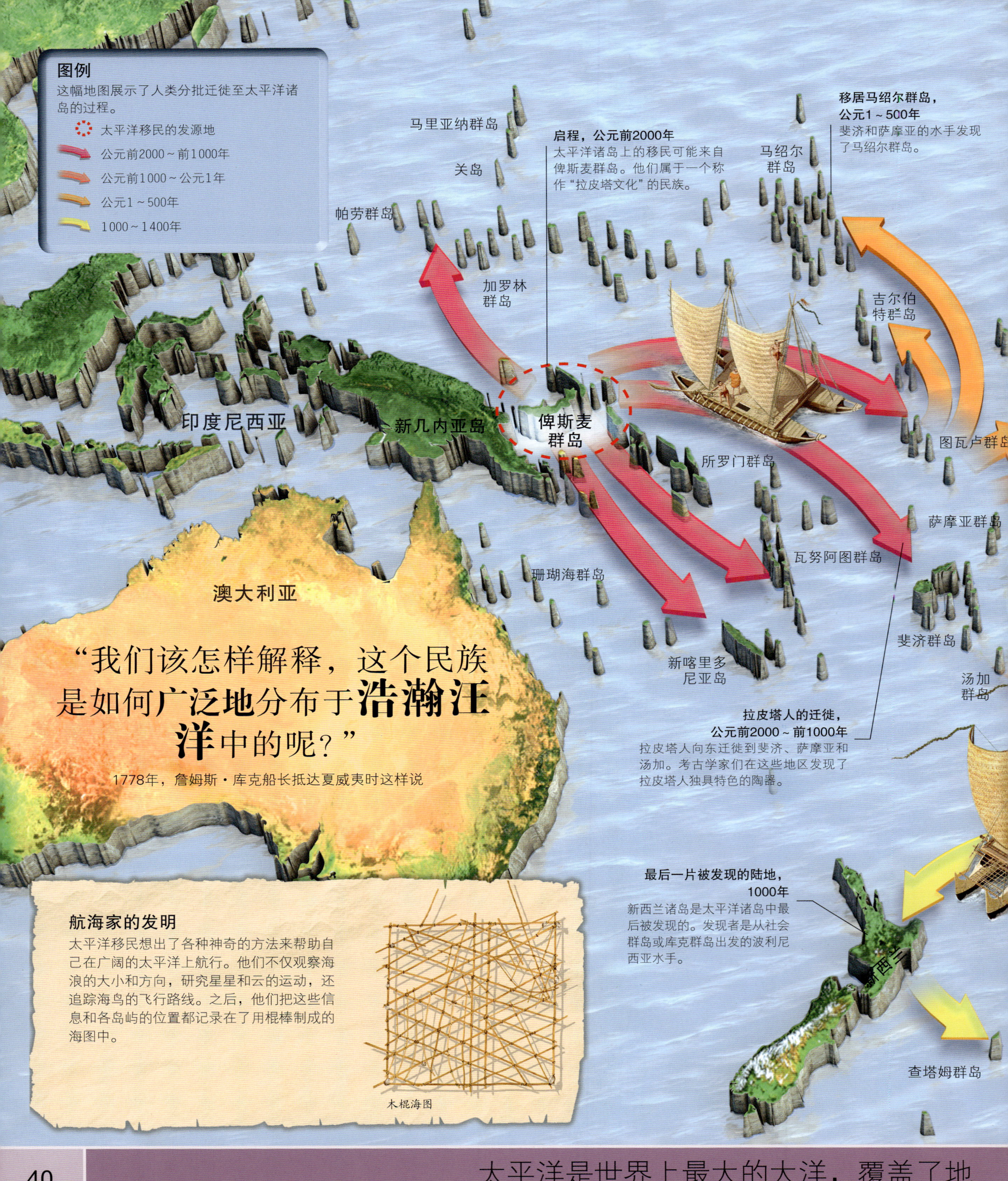

太平洋是世界上最大的大洋，覆盖了地

发现夏威夷，400年
来自马克萨斯群岛或库克群岛的波利尼西亚水手发现了夏威夷群岛。

夏威夷群岛

探索东波利尼西亚，公元前200年
来自汤加和萨摩亚的水手发现并定居在了东波利尼西亚的塔希提岛（属社会群岛）、库克群岛、马克萨斯群岛和土阿莫土群岛。

莱恩群岛

菲尼克斯群岛

马克萨斯群岛

太平洋

社会群岛

土阿莫土群岛

库克群岛

土布艾群岛

甘比尔群岛

复活节岛

人类抵达的最远定居点，500年
来自土阿莫土群岛或甘比尔群岛的波利尼西亚人发现并定居在复活节岛——地球上最偏远的岛屿之一。

植物与动物

太平洋上的移民会随身携带一些供给，以供旅途中使用，还可以帮助他们在新发现的岛屿上定居。

芋头
芋头这种植物有可食用的块茎，生长在淡水沼泽或人工洼地中。

猪
波利尼西亚猪是欧亚大陆野猪的后代。

波利尼西亚鼠
老鼠不是供给，而是偷渡者。它们遍布于所有有人类定居的岛屿。

公元前2000～公元1400年

太平洋上的移民

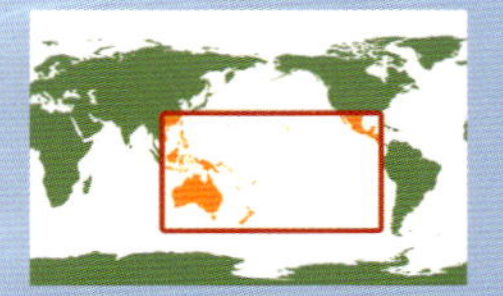

人类发现太平洋诸岛并定居的过程，是一个充满戏剧性的人类迁徙故事。这些勇敢的探险者、世界上最早的远洋水手和航海家，驾驶一种简易的双体船，在浩瀚的太平洋上航行。他们启程的时候，欧洲人甚至还没有在远离陆地的大洋上航行过。

球表面的1/3，有2万～3万座岛屿。

“当我看到神圣的**阿尔忒弥斯神庙**高耸入云，其他的建筑物就都变得**暗淡无光**了。”

约公元前140年，古希腊作家西顿的安提帕特这样评价阿尔忒弥斯神庙

高146.5米的胡夫金字塔曾是世界上最高

世界奇迹

还有一些古代世界的工程奇迹留存至今，此处列举其中的九个。

1. **乔鲁拉的大金字塔** 乔鲁拉的大金字塔位于墨西哥，建于公元前300年。它是世界上体积最大的金字塔。
2. **纳斯卡线条** 这些离奇的动物、植物、图形等地画创作于公元前350～公元650年。它们被蚀刻在秘鲁的沙漠之中。
3. **巨石阵** 公元前3100～前1600年，这些由4吨重的巨大石块垒成的石拱就竖立在了大不列颠岛上。人们至今仍不知晓它们的用途。
4. **加尔桥** 这座位于法国的罗马渡槽（运输水的高架渠）的历史可以追溯至公元前19年。它高达50米。
5. **罗马竞技场** 这座位于意大利的竞技场建于公元80年，拥有5万个座位。人们可以在这里观看角斗士比赛。
6. **阿布辛拜勒神庙** 阿布辛拜勒神庙是两座由石头砌成的庙宇，建于公元前1264～前1244年，此时是法老拉美西斯二世与妻子奈费尔塔里的统治时期。
7. **锡吉里耶** 这座斯里兰卡宫殿坐落于一块大岩石上，建于495年。宫殿入口的形状像一头狮子。
8. **兵马俑** 公元前210年，一支由7000多个真人大小的陶制人俑和若干战车、陶马组成的军队被埋葬于中国第一位皇帝秦始皇的陵墓中。
9. **大仙陵古坟** 这座古坟建于5世纪，是日本最大的陵墓。从空中鸟瞰时，古坟的形状像一个锁孔。

公元前2560～公元650年

古代奇迹

古代世界有许多令人叹为观止的壮观工程，其中“世界七大奇迹”更是久负盛名。古希腊人认为这组建筑物和雕塑比其他任何工程都更加壮观。这七大奇迹都位于地中海地区，都是古希腊人曾经游历过的地方。不过，如今存世的只有吉萨的胡夫金字塔。

巴比伦的空中花园

公元前600年前后，巴比伦国王尼布甲尼撒二世为妻子埃米提斯修建了一系列美丽的阶梯式花园。1世纪时，这些花园被损毁，没能留下任何痕迹。

的建筑物，这一纪录保持了近4000年。

乐器，4.3万～4万年前
目前已知最古老的乐器是用猛犸骨头制成的长笛，发现于德国的施瓦本侏罗山。

欧洲

轮式车辆，公元前3200年
目前已知最古老的用于交通运输的车轮，于2002年在斯洛文尼亚出土。研究人员认为它应该是双轮车的车轮。

砖，公元前7500年
目前已知最古老的砖是由泥和稻草制成的。考古学家们认为，它起源于安纳托利亚。

渡槽，公元前2000年
渡槽是修建于地面、地下或桥上的水槽，它将泉水、河水等干净的水源提供给人们。最古老的渡槽建于尼尼微古城（位于今伊拉克摩苏尔）。

地图，1.3万年前
1993年，人们在西班牙的阿布兹洞穴中发现了一块石碑，上面刻着一幅周边地区的地图。这是目前已知的最古老的地图。

玻璃，公元前3500年
考古学家们认为，早在5000多年前，美索不达米亚的人们就开始使用玻璃制作装饰用的珠子了。

肥皂，公元前2800年
用油脂和碱制成的肥皂最早出现于巴比伦，用于洗涤羊毛和棉制品。

青铜，公元前3200年
考古发现表明，青铜最早被古埃及人用于制作工具和武器。

硬币，公元前610～前600年
世界上最早的硬币出现于吕底亚王国。硬币上的图案是一头吼叫的狮子。

影子钟，公元前1500年
古埃及的影子钟是一根柱子。柱子投影的不同位置代表一天中的不同时间。

控制火，79万年前
（见下框）

陶轮，公元前3500年

陶轮的出现使人们能够制作出更完美的圆形器皿。考古学家们认为，陶轮最早出现于美索不达米亚。

非洲

控制火

考古学家们在亚洲西部发现了早期人类（如直立人）最早使用火的证据。他们发现，点火行为都发生在一些特定的地方，这说明当时有炉灶。能够控制火意味着直立人能够到更寒冷的地区生活，驱赶危险的食肉动物和烹饪食物。

古代发明

大多数古代世界的伟大发明都出现在人类使用文字记事之前，了解这些发明的起源成了一件几乎不可能的事情。因此，历史学家们不得不将考古发现作为线索去探寻这些发明的历史。

“需求是发明之**母**。”

英国谚语

亚洲

高炉，公元前100年
高炉最早出现于中国，用于冶炼铁。铁是一种可以用于制作工具的重要金属。

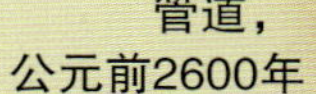
管道，公元前2600年
目前已知最古老的排水系统发现于印度河流域（大部分位于今巴基斯坦境内）。它们将雨水引入排水沟，并阻止洪水淹没哈拉帕和摩亨佐–达罗。

纸，105年
纸是中国古代四大发明之一，出现于汉朝。它的生产成本低廉，快速替代了之前沉重和昂贵的书写材料，如竹简和缣帛。

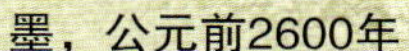
墨，公元前2600年
用松烟和动物胶制成的墨最早出现于中国，用于书写、绘画和拓印等。墨被制成硬块，使用前需要润湿和研磨。

马镫，公元前500～前200年
古代雕塑表明，印度是世界上最早使用马镫的地区。马镫可以使骑马者更好地控制马匹，帮助他们在马背上战斗。

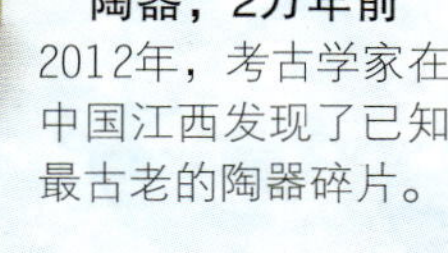
陶器，2万年前
2012年，考古学家在中国江西发现了已知最古老的陶器碎片。

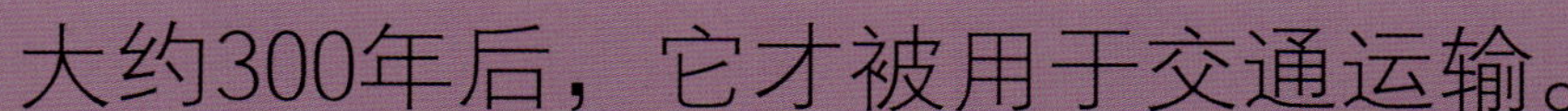
大约300年后，它才被用于交通运输。

5～15世纪

阿兹特克历法
作为当时世界上最先进的文明之一，阿兹特克人拥有自己的历法。图中的“太阳历石”记录的便是这种历法。太阳历石的中心是太阳神托纳蒂乌。

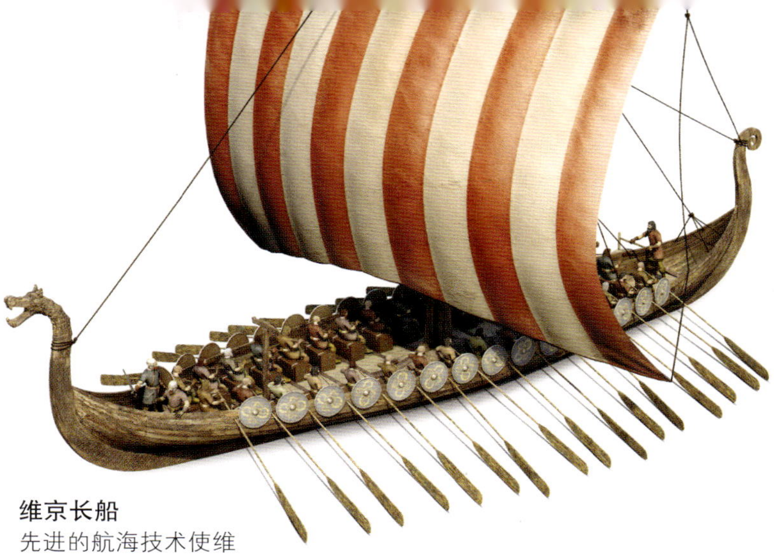

维京长船
先进的航海技术使维京人可以漂洋过海到新的大陆进行贸易并定居。

476年

拜占廷帝国（555）
拜占廷帝国的疆域达到最大。

中国唐朝（618～907）
中国的疆域向西扩张，开始与阿拉伯帝国接壤。见54～55页

玛雅文明的古典期（7世纪）
中美洲的玛雅文明处于强盛时期。见68～69页

穆罕默德迁往麦地那（622）
先知穆罕默德离开麦加，迁往沙特阿拉伯的麦地那。

第四次到第八次十字军东征（1202～1270）
在前三次十字军东征之后，又发生了五次大规模的十字军东征。
见58～59页

第三次十字军东征（1189～1192）
十字军占领耶路撒冷的行动再次失败。见58～59页

埃塞俄比亚帝国（1137～1974）
东非的埃塞俄比亚帝国开启了扎格维王朝的统治时期。见66～67页

丝绸之路（13世纪）
13世纪，从中国到印度和欧洲的贸易线路正处于最繁忙的时期。
见50～51页

第二次十字军东征（1147～1148）
十字军在安纳托利亚战败。
见58～59页

津巴布韦王国（12～15世纪）
津巴布韦王国控制着非洲沿海及内陆的牛和黄金贸易。见66～67页

蒙古战士

蒙古统一（1206）
成吉思汗终止了蒙古各部之间的战争，统一了蒙古，建立大蒙古国。
见60～61页

蒙古的鼎盛（1279）
蒙古帝国的疆域从亚洲东部一直扩展到乌克兰。见60～61页

奥斯曼帝国（1299～1922）
奥斯曼一世在土耳其建立了奥斯曼政权。后来，奥斯曼帝国逐渐发展成为东地中海重要的伊斯兰教国家。

眼镜

眼镜（1286）
最早的可戴式眼镜出现于意大利。见70～71页

蒙古汗国（14世纪初）
蒙古汗国是中国元朝的宗藩国，承认元朝皇帝的大汗地位。见60～61页

5～15世纪

拜占廷帝国的终结（1453）
奥斯曼帝国的苏丹（统治者）穆罕默德二世攻陷了君士坦丁堡，拜占廷帝国灭亡。

5世纪，罗马帝国分裂，其中临靠东地中海的部分变成了拜占廷帝国（东罗马帝国）。7世纪，一个新的政权——阿拉伯帝国，迅速崛起。与此同时，中国已经成为世界上最先进、最繁荣的国家。

1453年

奥斯曼帝国的苏丹穆罕默德二世

目前已知最古老的雕版印刷品是一卷

伊斯兰教的传播（632～750）
穆罕默德去世后，伊斯兰教传播十分迅速。伊斯兰教国家从摩洛哥一直延伸到印度。

深耕犁（约650）
深耕犁的发明使人们能够在密实、有黏性的土地上耕种和生活。*见70～71页*

维京人来了（793）
维京人初次到斯堪的纳维亚以外的地区抢掠，破坏了不列颠群岛的林第斯法恩修道院。*见52～53页*

罗盘（9世纪中期）
中国军队使用磁罗盘导航。*见70～71页*

风车（644）
风车出现于波斯，主要用于研磨谷物和提水灌溉。*见70～71页*

摩尔人统治下的西班牙（711～1492）
北非的摩尔人占领并统治了西班牙。西班牙成为伊斯兰教控制区域。

维京时代（9世纪40年代～10世纪）
维京航海家们开始从斯堪的纳维亚向英格兰、爱尔兰、冰岛、格陵兰岛和法国等地进发。*见52～53页*

叙利亚的骑士堡，由十字军于12世纪修建

第一次十字军东征（1096～1099）
通过残酷的杀戮，十字军占领了耶路撒冷，但在50年后又失去了它。*见58～59页*

加纳帝国的终结（1076）
西非的加纳帝国被柏柏尔人征服。*见66～67页*

城堡的兴盛时期（11世纪）
欧洲和中东地区建起了用于抵御攻击的城堡。*见56～57页*

教皇的召唤（1095）
教皇乌尔班二世号召欧洲的基督教徒从穆斯林的手中夺回耶路撒冷。*见58～59页*

发现美洲（1001）
维京人莱夫·埃里克松成为首个踏上美洲大陆的欧洲人。*见52～53页*

纸币（约10世纪末）
世界上最早的纸币在中国出现。*见70～71页*

中国宋朝（960～1279）
这一时期，中国人发明了活字印刷术。*见54～55页*

阿兹特克帝国（14世纪～1521年）
阿兹特克帝国统治着墨西哥谷地，直至被西班牙人埃尔南·科尔特斯征服。*见68～69页*

沙漏（1338）
人类发明沙漏的目的可能是用于航海。沙漏是第一种能够准确计量一小时时长的工具。*见70～71页*

中国元朝的终结（1368）
在中国，蒙古族建立的元朝被明朝推翻。

百年战争（1337～1453）
百年战争是法国与英国之间持续了116年之久的战争。英国人获得了大多数战役的胜利。

黑死病（1347～1351）
黑死病（鼠疫）席卷了整个欧洲。致病细菌来自中亚，由老鼠携带。*见62～63页*

马丘比丘
这座建于1450年前后的印加城市位于一个山顶。它没有被西班牙征服者发现，因而免遭破坏。

丝路的终结（15世纪50年代）
奥斯曼帝国为向欧洲国家和十字军抗议，中断了丝绸之路上的贸易。

郑和下西洋（1405～1433）
中国明朝的航海家郑和率船队远航至非洲，促进了中国与世界的交流。*见64～65页*

印刷机（1438）
活字印刷机的发明在欧洲的信息传播领域引发了一场革命。*见70～71页*

印加帝国（15世纪～1533年）
印加帝国是南美洲最大的帝国，疆域从秘鲁一直延伸至安第斯山脉南部，最终被西班牙人征服。*见68～69页*

印刷于868年的佛教《金刚经》。

马可·波罗

马可·波罗是丝绸之路上最著名的旅行家。13世纪末，记录他24年亚洲之旅的《马可·波罗游记》对欧洲人了解东方的民俗和地理知识起到重要作用。

公元前2～公元15世纪

丝绸之路

丝绸之路从中国一直延伸至地中海，长7000多千米。它是世界上使用时间最长、最重要的贸易交通网络。这条道路上不仅有货物交换，还有思想、技术和文化的交流。

1世纪，由于罗马的黄金被大量用于交换

新商品

丝绸之路见证了东西方首次交换某些商品的历史。

西方	东方
玻璃	丝绸
毛织品	纸
葡萄	火药
无花果	瓷器
胡桃	橘子

疏勒

疏勒（位于今中国新疆喀什地区）是丝绸之路在塔克拉玛干沙漠西端的一处交汇点。

敦煌

敦煌是丝绸之路南北线交汇处附近的一座重要的绿洲城市。

马

扁桃仁

青金石

疏勒

骆驼

塔克拉玛干沙漠

玉石

纺织品

长安

唐朝的都城长安（今西安）是当时世界上人口数量最多的城市。

敦煌

亚洲

兰州

棉花

兰州

兰州是人们横渡黄河的地点，也是丝绸之路上的重要纽带。

中国

长安

象牙制品

陶瓷制品

“我所**讲述**的还不及我所**经历**的一半。”

1324年，马可·波罗在弥留之际这样说道

象牙制品

早在公元前1世纪，象牙制品便沿着丝绸之路从中国到达了西方。

图例

丝绸之路是公元前2～公元15世纪世界上最重要的贸易路线之一。这幅地图展示了丝绸之路的情况。

城镇

主要的陆上路线

海上路线

货物

丝绸，罗马皇帝禁止了丝织品的进口。

图例

维京人的故乡

各个时期维京人移居的地区

9世纪

10世纪

11世纪

维京人抢掠过但未移居的地区

维京人的主要抢掠地点

维京人的探索路线

983～986年，红胡子埃里克松前往格陵兰岛的路线

约1000～1015年，文兰之旅路线

1050～1350年，狩猎和贸易路线

荷鲁兰

格陵兰岛

冰岛

大西洋

马克兰

北美洲

文兰

兰塞奥兹牧草地

格陵兰岛

986年，红胡子埃里克松成为最先定居格陵兰岛的欧洲人。

冰岛

870年前后，维京人开始在冰岛定居。

马克兰

1001年，红胡子埃里克松的儿子莱夫·埃里克松成为第一位登上美洲大陆的欧洲人。登陆地点可能是一个被维京人称作马克兰的地方，研究人员认为该地点位于今加拿大拉布拉多的海岸上。

兰塞奥兹牧草地

考古学家在纽芬兰的兰塞奥兹牧草地发现了维京人的定居点，维京人可能将这里称作文兰。

都柏林

841年，维京人在爱尔兰的都柏林建立了长期定居点。

北美洲

格陵兰岛的维京人缺乏用作建筑材料和燃料的木材。他们沿北美洲海岸线探险的主要目的是获取木材。

793～1350年 维京人

维京人是中世纪欧洲著名的掠夺者、商人、探险家和移民。他们将斯堪的纳维亚半岛作为根据地，在大不列颠岛、爱尔兰岛、冰岛、格陵兰岛、法国、地中海地区，以及欧洲东部等地建立定居点。他们有可能是第一批登上美洲大陆的欧洲人，比克里斯托弗·哥伦布早了将近500年。

“Viking”（维京）一词来源于古诺尔斯

“不列颠**从未**有过如此**恐怖**的时期。”

约克的阿尔昆在给诺森伯里亚的埃塞尔雷德国王的信中如此评价793年维京人对林第斯法恩岛的抢掠

语，意思是“在海上不断探索的人”。

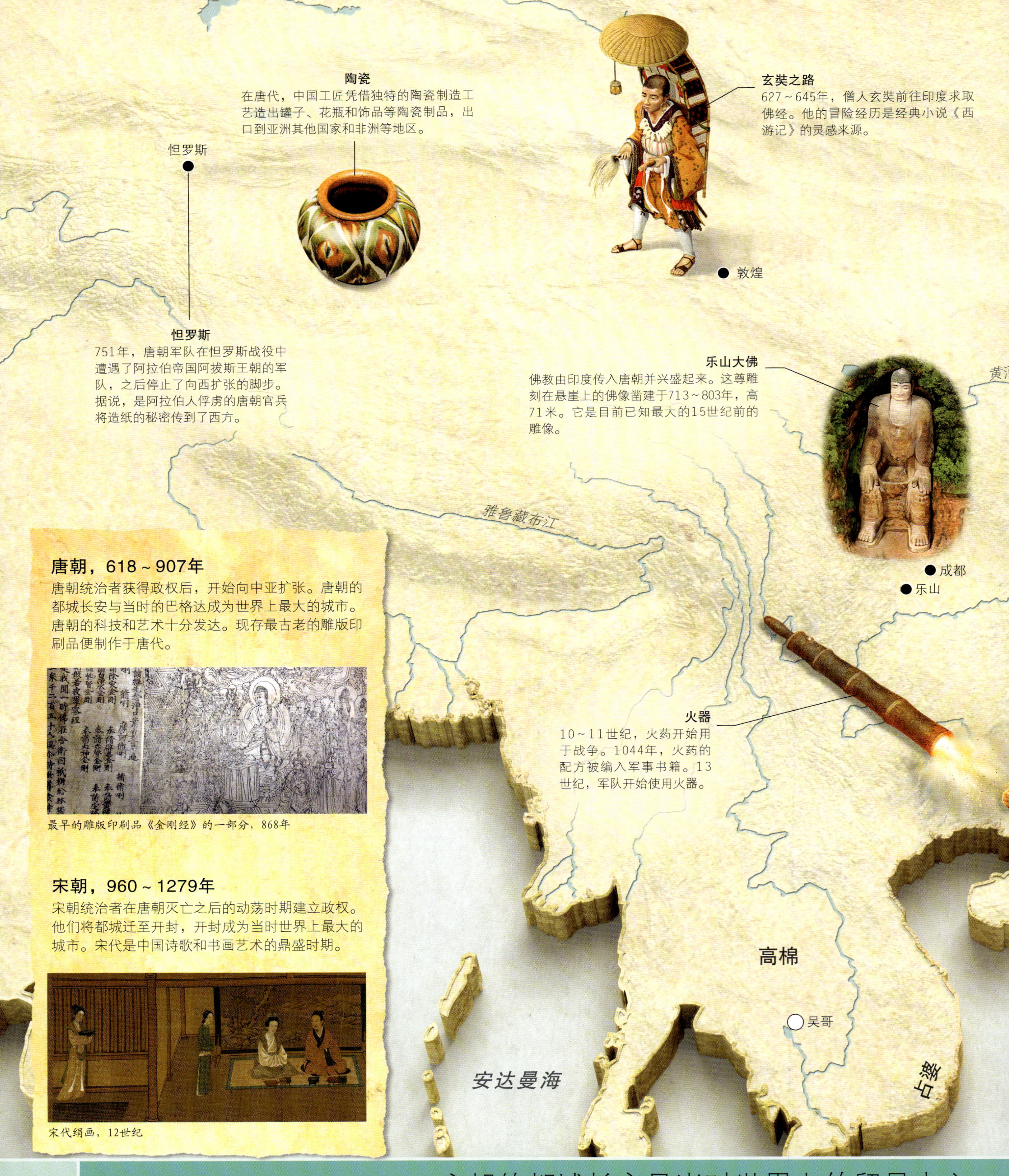

陶瓷

在唐代，中国工匠凭借独特的陶瓷制造工艺造出罐子、花瓶和饰品等陶瓷制品，出口到亚洲其他国家和非洲等地区。

玄奘之路

627～645年，僧人玄奘前往印度求取佛经。他的冒险经历是经典小说《西游记》的灵感来源。

怛罗斯

751年，唐朝军队在怛罗斯战役中遭遇了阿拉伯帝国阿拔斯王朝的军队，之后停止了向西扩张的脚步。据说，是阿拉伯人俘虏的唐朝官兵将造纸的秘密传到了西方。

乐山大佛

佛教由印度传入唐朝并兴盛起来。这尊雕刻在悬崖上的佛像凿建于713～803年，高71米。它是目前已知最大的15世纪前的雕像。

火器

10～11世纪，火药开始用于战争。1044年，火药的配方被编入军事书籍。13世纪，军队开始使用火器。

唐朝，618～907年

唐朝统治者获得政权后，开始向中亚扩张。唐朝的都城长安与当时的巴格达成为世界上最大的城市。唐朝的科技和艺术十分发达。现存最古老的雕版印刷品便制作于唐代。

最早的雕版印刷品《金刚经》的一部分，868年

宋朝，960～1279年

宋朝统治者在唐朝灭亡之后的动荡时期建立政权。他们将都城迁至开封，开封成为当时世界上最大的城市。宋代是中国诗歌和书画艺术的鼎盛时期。

宋代绢画，12世纪

唐朝的都城长安是当时世界上的贸易中心，

618～1279年 中国的黄金时代

唐宋时期的中国是当时世界上最富庶的国家，也是人口数量最多的国家。中国的许多思想文化传播到了朝鲜半岛和日本，如文字和网格状城市布局。中国的许多科学技术在世界上也处于领先地位，如印刷术、陶瓷和火药等。

城内居民数量约100万，其中包含2万～5万外国人。

温莎城堡

该城堡由英格兰国王威廉一世建于11世纪70年代。威廉一世将它作为控制新领地的要塞。从此，它就为英国的君主们所有。

布拉格城堡

这座世界上最大的中世纪城堡从9世纪起就是捷克的王宫。城堡的防御工事经过多次翻修。

北美洲

圣路易城堡，加拿大

圣胡安德乌卢阿城堡，墨西哥

特里姆城堡，爱尔兰

圣若热城堡，葡萄牙

欧洲

阿尔汉布拉宫，西班牙

阿伊特本哈杜，摩洛哥

非洲

洛罗派尼遗址，布基纳法索

昌昌城，秘鲁

萨克塞华曼，秘鲁

南美洲

欧洲

欧洲出现了最早的中世纪城堡。统治者和地方领主都必须以此维持秩序、募集军队、保护家园，以及抵御入侵者的攻击。

科尔特斯宫

1526年，征服者埃尔南·科尔特斯在墨西哥建造了这座宫殿，将它作为自己的宅邸，并用以抵御被他征服的阿兹特克人。

骑士堡

这座12世纪的城堡位于叙利亚，是攻占耶路撒冷的基督教十字军建造的堡垒。

威尔士的**哈立克古堡**曾经持续抵御了长达**七年**的围攻。

好望堡

荷兰东印度公司于1666～1679年建造的好望堡是南非现存最古老的殖民时代建筑。

布拉格城堡长570米，宽128米，

克里姆林宫
这是一座巨大的堡垒，防御城墙内有多座宫殿。它曾经被宽大的护城河环绕。

颐和园
颐和园始建于18世纪，是中国清朝皇帝的行宫。19世纪，它遭受过两次大规模攻击，后经修复留存至今。

松本城
始建于1504年的日本松本城曾是多位统治者的大本营。它又称“乌鸦城”。

9～17世纪 城堡

欧洲的中世纪是建造城堡的高峰期。当时社会的法律和秩序经常遭到破坏，这使得统治者、贵族和一些富人将自己的家修建成了坚固的堡垒，以抵御侵袭。世界各地还建有许多不同形式的堡垒、宫殿、要塞和城池。

占地面积超过7个足球场的大小。

1095～1204年 十字军东征

1095年，在法国的克勒芒会议上，教皇乌尔班二世发表了中世纪最具影响力的一次演讲。演讲中，他号召法国的贵族和骑士拿起武器，夺回自673年起被穆斯林控制的圣城耶路撒冷。之后，基督教徒和穆斯林之间展开了一系列战争，持续了约200年。这一系列战争统称为“十字军东征”。

1187年，穆斯林领袖萨拉丁在取得胜利后，

骑士的美德

骑士精神是骑士们遵守的一种行为准则。十字军东征时期是骑士精神的黄金时代。英格兰的狮心王理查（右图）和他的竞争对手埃及和叙利亚的苏丹萨拉丁，都因他们的荣誉、勇气、果敢和尊严而著称。

命令医生救治所有伤员，包括基督教徒。

蒙古人征服的疆域比罗马帝国鼎盛时期的面积

1206～1294年

蒙古人的帝国

13世纪，蒙古人成为世界上最令人敬畏的战士。1206年，他们在成吉思汗的带领下，震慑了西至俄罗斯和波兰、东至中国和朝鲜半岛的人们，建立了世界上面积最大的帝国。

1. 蒙古
1206年，铁木真征服了蒙古各部，成为大汗，尊号成吉思汗，意为“拥有海洋四方的统治者”。

8. 哈剌和林
1235年，成吉思汗之子窝阔台建立了都城哈剌和林。

3. 中都
1215年，成吉思汗围攻金中都（今北京）。中都因得不到兵力和粮草增援而被蒙古人攻陷。

15. 日本
蒙古人曾两次尝试进攻日本（分别发生于1274年和1281年），但都因天气恶劣而失败。这是第二次世界大战之前日本遭受的唯一攻击。

2. 中兴府
成吉思汗对西夏展开进攻。引黄河水淹灌西夏都城中兴府（今宁夏银川），试图将其围困。

16. 临安
1276年，蒙古军队攻下南宋都城临安（今杭州）。

9. 襄阳
1239年，南宋将领孟珙重新夺回被蒙古人占领了三年的襄阳。

17. 安南
1288年，蒙古人对安南发起了持续四年的进攻，后因当地人的游击战、高温和疾病而被迫停止。

布里亚特人
鞑靼人
蒙古人
蔑儿乞人
哈剌和林
乃蛮人
西辽
西夏
金
中都
中兴府
黄河
凤翔
高丽
开京
日本
襄阳
长江
临安
南宋
打洛
安南

> “蒙古人像**蚂蚁和蝗虫**一样，从四面八方蜂拥而至。”
>
> 波斯政治家、历史学家拉希德·丁对1258年蒙古人进攻巴格达的描述

还大，建立了历史上最大、领土全部相连的帝国。

1347～1351年

黑死病

黑死病，即鼠疫，是欧洲历史上规模最大的一次疾病灾害。1347～1351年，死于黑死病的欧洲人口数量为750万～2500万（占欧洲总人口的30%～60%）。黑死病源于中亚，通过老鼠身上的跳蚤传播，后来演变成人与人之间的传染。

4. 英国的韦茅斯

1348年7月7日，一艘从法国加斯科涅驶来的船上载有染病的水手，船停靠在英国的韦茅斯。仅仅一年，黑死病就传遍了不列颠群岛。

图例

1351年时黑死病波及的区域

黑死病的主要疫区

黑死病传播过程中的重要地点

一些主要城市的人口死亡比例

- 德国不来梅：60%
- 德国汉堡：60%
- 意大利威尼斯：60%
- 意大利佛罗伦萨：55%
- 法国巴黎：50%
- 法国阿维尼翁：50%
- 埃及开罗：40%
- 英国伦敦：40%
- 叙利亚大马士革：38%
- 伊拉克巴格达：33%
- 伊朗伊斯法罕：33%
- 其他的重要城镇

3. 意大利的墨西拿

1347年10月，携带有病菌的大船从卡法出发到达西西里岛的墨西拿。黑死病迅速传入意大利内陆。

“死亡人数如此之多，大家都以为世界末日来临了。”

1351年，阿尼奥洛·迪·图拉在《锡耶纳的瘟疫：意大利纪事》中的描述

虽然黑死病夺去了许多王室成员的性命，但是莱昂和卡斯提尔

王国国王阿方索十一世却是唯一一位死于黑死病的在位君主。

1405～1433年 中国的宝船

中国明朝的第三位统治者永乐皇帝，希望通过与世界的交流来扩大本国的影响力。从1405年开始，他派郑和作为船队指挥官，进行了七次震惊世人的远洋航行。郑和率领的庞大船队曾航行到亚洲和非洲各地。他推行外交，交换礼物，并惩罚那些违背皇帝意旨的人。郑和去世后，明朝的远洋外交也随之结束。

郑和首次远航的船队由200多艘船只组成，就像一座漂浮在海上

的城市。船队中有各类人员约3万人，船上载有丝绸、瓷器等物品。

大津巴布韦的大城圈

津巴布韦王国因向亚洲出口黄金而繁荣起来，大津巴布韦王城正是建造于这一时期。王城的中心是大城圈，大城圈四周的围墙高达11米。城圈内有统治者的圆形茅草屋、坚固的圆锥形石塔和许多顶端为鸟形的皂石短柱。

从13世纪起，贸易城镇廷巴克图（位于今马里境内）

伟大的非洲王国

这些已经消失的王国曾通过贸易和自然资源获得政权。其中有些因制造了表现统治者和神的工艺品而闻名。虽然有些王国存在了数百年，但它们无一延续至今。就连最强大的王国也在19～20世纪沦为欧洲列强的殖民地。

阿克苏姆圆顶石碑

拉利贝拉岩石教堂

埃塞俄比亚帝国，1137～1974年
1200年前后，扎格维王朝在拉利贝拉的山体岩石上凿建出许多教堂。

阿克苏姆王国，公元前100年～公元7世纪
这个贸易王国最著名的当属那些高大的石碑，它们可能用作墓地的标记。

木雕枕

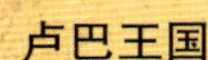

卢巴王国，16世纪80年代～1889年
卢巴王国的国王们宣称自己为神话中猎人的后代。他们用木雕来宣扬自己的神圣地位。

刚果河

姆本巴·恩辛加国王

隆达王国，17世纪60年代～1884年
18世纪40年代，隆达王国的发展十分迅速。它利用军事实力征服了邻近国家。

恩东戈王国，16世纪～1671年
16世纪60年代，恩东戈脱离了刚果王国。恩东戈王国曾向葡萄牙人出售奴隶。后来，葡萄牙人开始通过武力夺取奴隶，并拒绝归还，从而导致了葡萄牙与恩东戈王国之间的战争。

刚果王国，1390～1885年
1483年，葡萄牙人第一次到达这里，之后刚果王国成为布匹和陶瓷贸易网络的中心。刚果国王姆本巴·恩辛加接受了洗礼，并被授予教名。

鸟形皂石短柱

赞比西河

大津巴布韦

津巴布韦王国，12～19世纪
津巴布韦王国凭借牛和黄金贸易逐渐繁荣起来，并于15世纪初达到鼎盛。

祖鲁人的矛和盾

祖鲁王国，1816～1887年
黑人武士首领恰卡建立了这个雄霸非洲南部的王国。19世纪末，英国人开始对这里进行殖民统治。

逐渐成为一个拥有成千上万学生和学者的文化中心。

库钦人
库钦人居住在阿拉斯加，以狩猎采集为生。1789年之前，他们与欧洲人没有任何往来。

奇努克人
奇努克人长期定居在西北太平洋沿岸的村庄里。这一地区的部落有雕刻图腾柱的习俗。不过，17世纪之前雕刻的图腾柱都已经腐烂了。

因纽特人
因纽特人已经适应了北极地区的极端气候。他们有很多种狩猎方式，如在冰面上凿洞捕鱼等。

苏族人
苏族人生活在大平原上，他们是狩猎美洲野牛的杰出猎手和优秀的战士。

> “**地球**不是我们从祖先那里**继承的**，而是我们**从后**代那里**借用的**。”
>
> 美洲印第安人谚语

15世纪 15世纪的美洲

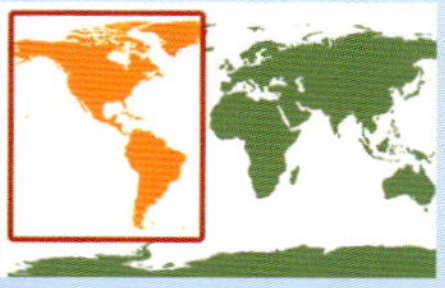

在1492年克里斯托弗·哥伦布抵达美洲之前，人类已经在此定居了上万年。在北美洲居住的印第安人既有以狩猎采集为生的游牧部落，也有在村庄定居的农民。不过，当时美洲最大的人类定居点都位于中南美洲，它们后来发展成了庞大的帝国。

阿兹特克帝国

阿兹特克人曾居住在荒漠中。14世纪前期，他们控制了墨西哥谷地。阿兹特克帝国在鼎盛时期大约拥有1000万人口，其都城特诺奇蒂特兰（右图，艺术复原图）曾是世界上最大的城市之一，拥有大约30万人口。

历史学家们无法知晓1492年之前的美洲大陆共有多少人口。

狩猎的因纽特人
与加拿大和阿拉斯加的因纽特人一样，格陵兰岛的因纽特人也使用兽皮独木舟捕猎海豹。

图例

专家们根据气候和地形（地图中用不同的颜色表示）对美洲的部落进行了划分。不同的环境造就了不同的部落文化和生活方式。例如，那些以狩猎为生、居住在帐篷里的游牧部落都生活在大平原上，而以农耕为生的部落则主要生活在东南地区。

- 北极地区
- 亚北极区
- 东北森林区
- 东南地区
- 大平原
- 大盆地
- 高原区
- 西北太平洋沿岸
- 加利福尼亚
- 西南地区
- 中部美洲
- 加勒比海地区
- 安第斯山脉
- 亚马孙河流域
- 南部地区

玛雅人
1492年之前，玛雅人一直居住的地区大致位于现在的墨西哥东南部、危地马拉、伯利兹和洪都拉斯。

蒙杜鲁库人
在与欧洲人接触之后，这些亚马孙战士袭击了河边的葡萄牙人村庄。

热带雨林中的猎人
在亚马孙的热带雨林中居住着许多不同的部落，他们使用吹箭筒杀死动物以获取食物。

阿兹特克人
14～15世纪，阿兹特克人控制着中美洲的大部分地区。

印加人
到1492年时，印加帝国的疆域已经从现在的哥伦比亚一直向南延伸至智利和阿根廷西北部。其人口数量可能高达1500万。

印加帝国

1492年，印加帝国成为美洲面积最大的帝国。印加帝国13世纪崛起于秘鲁高地，15世纪达到鼎盛，疆域面积几乎与罗马帝国相当。印加帝国内部通过一个全长约29000千米的道路网络相互连接。

马普切人
马普切人（意为“大地之子”）的居住区域十分广阔，分布在现在的智利和阿根廷境内。

但据估算，当时美洲的人口数量应为1000万～1亿。

计时

世界上第一台机械钟表——水运仪象台是一个名叫苏颂的中国人发明的。它以流动的水作为动力，接水的水桶需要定期清空。200多年后，欧洲才出现了第一台使用冠状擒纵机构的机械钟表（以重锤的重力驱动）。

印刷机，1438年
欧洲的活字印刷术是德国人约翰内斯·谷登堡发明的，能够快速印刷文字。在此之前，雕版印刷需要大量的手工操作。

马蹄铁，400～450年
这是一种钉在马蹄上的金属马掌，大约于450年出现在西欧。

长弓，1200年
英格兰长弓与普通的弓相比更加坚硬有弹性。它曾在许多场战役中帮助英格兰击败了法国。虽然它的名字叫作英格兰长弓，但却起源于威尔士。

自流井，1126年
自流井是不需要抽水，水就可以从地下涌出的井。目前已知最古老的欧洲自流井建于法国的阿图瓦。

船舵，1180年
船舵可以控制船在水中行驶的方向。欧洲目前已知最古老的关于船舵的证据发现于比利时的艺术作品中。

眼镜，1286年
1286年，意大利修道士比萨的吉奥达诺记录过描述眼镜的文字。这是世界上首个关于可戴式眼镜的记录。

沙漏，1338年
有关沙漏的确凿证据发现于威尼斯。沙漏是理想的海上航行计时器，因为其精准度不受海浪摇晃的影响。

深耕犁，约650年
深耕犁可以帮助农民在密实、有黏性的土地上耕种，从而增加了欧洲北部的粮食产量。

绳索桥，600年
世界上最古老的绳索桥建于秘鲁。这一设计为后来世界上的大型吊桥提供了灵感。

“最伟大的**发明出现**于**蒙昧的时代**。”

1727年，英国作家乔纳森·斯威夫特在著作《杂思集》中这样写道

476～1453年

5～15世纪发明

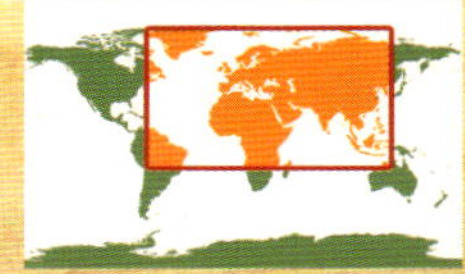

5～15世纪是欧洲和亚洲技术大发展的时期。这一时期，欧洲的探险家们还与伊斯兰世界和中国的人们交流了许多思想和观点。

亚洲

风车

风车，644年
风车最早出现于波斯，用于研磨谷物和提水灌溉。

火药，808年以前
最早发明火药的是中国人，当时的人们曾用它来炼丹。后来，火药成为制作烟花和火器的主要成分。

轭，470～500年
轭的出现使马的运货能力提高了三倍。使用轭的最早证据发现于中国的莫高窟。

纺车

罗盘，9世纪中期
中国古代的军队最早将磁罗盘用于导航。后来，中国的水手又将它应用于航海。

机械钟表，1088年
（见左页图框）

雕版印刷术，7世纪初
中国人发明了雕版印刷术，书卷的印刷因此变得快捷起来。

纺车，1150年
纺车是中国人发明的，它可以将动物的毛和植物纤维纺成做衣服的线。

非洲

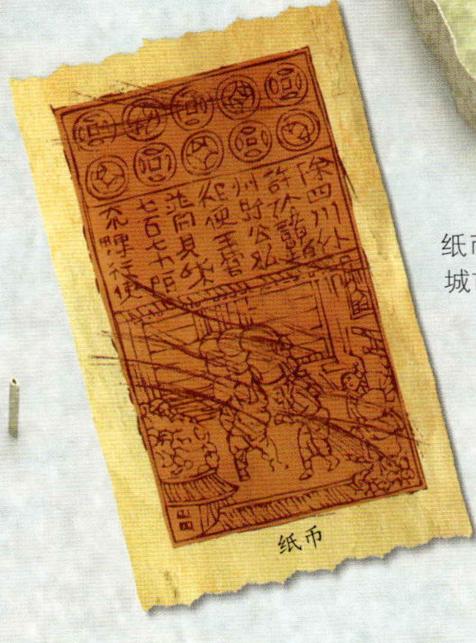

纸币

纸币，约10世纪末
纸币最早出现于中国的贸易城市成都。

的过程中偶然发现了火药。

现代世界

现代科技

1857年，19世纪最伟大的工程师之一伊桑巴德·金德姆·布鲁内尔设计并监督制造了“大东方”号蒸汽轮船。它能够在不补充燃料的情况下从英国航行至澳大利亚，这标志着探索和科技时代的到来。

航海六分仪
六分仪出现于1730年前后，通过测量地平线以上的太阳、月亮、星星等天体的角度，为水手们指出船只所处的位置。

1453年

大航海时代（1488～1597）
欧洲的探险家们横渡大西洋，发现了新的贸易路线和大陆。见76～77页

新大陆的发现（1492）
意大利探险家克里斯托弗·哥伦布本打算从西班牙出发，探索通往亚洲的新贸易航线。然而，他却发现了美洲大陆。见76～77页

瓦斯科·达·伽马（1497）
这位葡萄牙探险家开辟了一条从欧洲通往亚洲的新贸易航线。见76～77页

大西洋奴隶贸易（16～19世纪）
大约1200万非洲人被奴役，并被运送至美洲。见88～89页

宗教改革（1517）
马丁·路德发起反对天主教会的运动，向天主教会提出抗议。见82～83页

环球航行（1519～1522）
斐迪南·麦哲伦的船队首次完成了环绕地球一周的航行。见76～77页

黑胡子（1716～1718）
海盗爱德华·蒂奇，即黑胡子，威胁着加勒比海地区和北美洲东南海岸的安全。见84～85页

橡胶（1735）
法国探险家拉孔达明将橡胶从厄瓜多尔带到欧洲。见118～119页

工业革命（18世纪70年代～19世纪70年代）
机器开始取代人力，使制造和运输货物变得更加快速和高效。见102～103页

北美独立战争（1775～1781）
北美洲的13个英属殖民地摆脱了英国的控制，建立了一个独立的国家。见90～91页

澳大利亚的流放犯（1788）
英国向澳大利亚的植物学湾运送了700多名流放犯，在杰克逊港（今悉尼）建立了流放地。见92～93页

法国大革命（1789～1794）
抗议者以"自由、平等、博爱，或死亡"为口号，反抗君主制和教会。见94～95页

首次向澳大利亚运送囚犯的舰队旗舰"天狼星"号

澳大利亚的第一批自由移民（1793）
第一批自愿移民的英国人到达澳大利亚。见92～93页

疫苗（1796）
爱德华·詹纳研制出牛痘疫苗——一种激发人体免疫抵抗天花的方法。见118～119页

拿破仑战争（1799～1815）
在遭遇滑铁卢失败之前，法国的拿破仑·波拿巴已经将自己的势力范围扩展到了整个欧洲。见96～97页

南美独立战争（1808～1826）
被欧洲人统治了300多年后，南美洲的大多数殖民地开始争取独立。见98～99页

蒸汽机车铁路（1825）
在英格兰北部，世界上第一条公共蒸汽机车铁路开通。见114～115页

南非淘金热（1886）
在威特沃特斯兰德的淘金热之后，约翰内斯堡变成了一座富裕的大城市。见108～109页

西伯利亚铁路（1891～1916）
世界上最长的铁路干线建成，它横贯当时的俄国。见114～115页

1900年

现代

15世纪末是大航海时代的开始。欧洲人在掌握了新的远距离航海和导航技术后，开始探寻新的贸易路线。克里斯托弗·哥伦布发现新大陆，为欧洲带来了可供交易的新商品、新的食物、黄金及财富，但同时也导致了欧洲国家对新大陆的殖民、海上掠夺和对非洲人的奴役。

1804年，全世界的人口数量达到10亿。

苏莱曼大帝（1520～1566年在位）
苏莱曼将奥斯曼帝国的疆域扩展至欧洲。见116～117页

阿兹特克帝国的终结（1521）
西班牙征服者埃尔南·科尔特斯征服了中美洲的阿兹特克帝国。见78～79页

印加帝国的终结（1533）
西班牙征服者弗朗西斯科·皮萨罗在第三次远征秘鲁的过程中征服了印加帝国。见78～79页

私掠船（1560～1586）
英国私掠船（获得官方许可的私人武装船只）船长弗朗西斯·德雷克在加勒比海上四处劫掠。见84～85页

新的食物（1565）
西班牙船只首次将土豆从墨西哥带到欧洲。见80～81页

殖民北美洲（1565）
西班牙在现在的美国境内建立了首个欧洲殖民地。见86～87页

加勒比海盗（16～18世纪）
英国人、法国人和荷兰人的海盗船都在想方设法地劫掠西班牙人从美洲大陆运出来的黄金。见84～85页

日本江户时代（1603～1868）
德川家康建立的武家政权通过幕府统治日本。这一时期，日本不允许外国人入境。见112～113页

弗吉尼亚的詹姆斯敦（1607）
英国殖民者在北美洲成功建立了第一个永久性殖民地。见86～87页

法国人的魁北克（1608）
法国人在美洲建立的第一个殖民地是魁北克，位于现在的加拿大境内。见86～87页

新阿姆斯特丹（1626）
新阿姆斯特丹是荷兰西印度公司在北美洲建立的一座新城市。1664年，英国人占领了这里，并将其改名为纽约。见86～87页

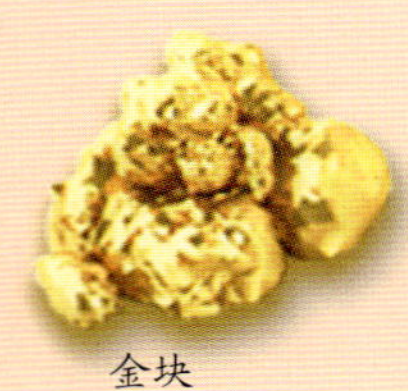
金块

中国清朝（1644～1912）
中国北方的满族人推翻了明朝的统治，建立了清朝。见116～117页

第一次淘金热（1693）
人们在巴西的米纳斯吉拉斯发现了黄金。到1720年时，已有大约40万葡萄牙淘金者来到了巴西。见108～109页

达尔文的发现之旅（1831～1836）
查尔斯·达尔文在周游世界的过程中发展出了进化论的观点。见100～101页

1848年革命（1848）
欧洲人走上街头，为争取更好的工作条件和选举权而抗争。见104～105页

1848年的欧洲抗议者

加利福尼亚淘金热（1848～1855）
30万人涌向加利福尼亚淘金。见108～109页

日本开始对外贸易（1854）
日本迫于压力，与美国签订了第一项贸易条约。见112～113页

英属印度（1858～1947）
在1857年的印度民族大起义之后，英国开始直接管理印度。英国的统治被印度人称作“Raj”（意为“统治者”）。见116～117页

美国内战（1861～1865）
这是美国历史上最惨烈的战争，它最终废除了美国的奴隶制。见110～111页

明治维新（1868）
人们推翻了幕府的统治，将政权归还给天皇。明治时期的日本发生了一系列变革。见112～113页

小比格霍恩战役（1876）
印第安人在保卫领土的战役中击败了美国政府军。见106～107页

灯泡（1879）
托马斯·爱迪生改进出可以安全地在房屋中使用的电灯泡。见118～119页

瓜分非洲（19世纪80年代～1914年）
欧洲列强结束了奴隶贸易，但却侵入非洲各国并建立起殖民地。见116～117页

蒸汽机车
1804年，第一辆以蒸汽驱动的机车开始运行。自此，蒸汽机车一直运行至20世纪。这辆“爱德华二世”蒸汽机车制造于1930年。

如今，世界人口数量已经超过80亿。

水手的年龄必须在16岁以上，不过七八

1488～1597年 大航海时代

15世纪中期，欧洲国家开始探寻东西方贸易的新路线。欧洲人由此发现了一些之前从未到达过的地方。

岁的男孩也可以在船上找到工作。

1513～1570年 征服者

在1492年哥伦布发现新大陆之后，一拨又一拨野心勃勃的西班牙人来到这里。这些征服者追逐名利。有些人成功了，征服了美洲的帝国，积累了大量的个人财富；有些人失败了，甚至因此丢掉了性命。

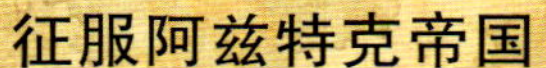

征服阿兹特克帝国

1519年，埃尔南·科尔特斯召集起大量希望推翻阿兹特克帝国统治的当地人，组成了一支庞大的军队。他们占领了阿兹特克帝国的都城特诺奇蒂特兰。后来，阿兹特克人抓准科尔特斯去海边对抗竞争对手征服者潘菲洛·德·纳瓦埃斯的时机，重新夺回了特诺奇蒂特兰。1521年，科尔特斯返回，特诺奇蒂特兰城投降。

1552～1585年制作的阿兹特克书籍或法典中的一页，讲述了阿兹特克帝国被征服的故事。

北美洲

弗朗西斯科·巴斯克斯·德·科罗纳多，1540年
科罗纳多带领一支探险队到现在美国的亚利桑那州、新墨西哥州、得克萨斯州、俄克拉何马州和堪萨斯州探险。科罗纳多的一支勘探队成为首批发现科罗拉多河和科罗拉多大峡谷的欧洲人。

埃尔南多·德·索托，1539～1542年
索托率领的探险队艰难地深入北美洲内陆地区。历史学家认为，他是第一个渡过密西西比河的欧洲人。

新西班牙总督辖区

特诺奇蒂特兰

尤卡坦半岛

阿尔瓦尔·努涅斯·卡韦萨·德巴卡，1528年
1528年，打算前往佛罗里达开拓殖民地的纳瓦埃斯探险队损失惨重，600人中仅有4人幸存。幸存人员之一的德巴卡试图寻找一条返回新墨西哥的陆上路线，却被美洲的印第安人俘获，并被扣押了8年。他因此撰写出欧洲第一本关于美洲印第安人生活习俗的书。

埃尔南·科尔特斯，1519年
科尔特斯发起了一次前往中美洲的探险。他组织了一支庞大的军队，进军阿兹特克帝国都城特诺奇蒂特兰，并于1521年征服了阿兹特克帝国。

弗朗西斯科·德·蒙特霍，1527年
1527年，蒙特霍试图征服尤卡坦半岛东部地区，最终被玛雅人击退。1545年，他的儿子小蒙特霍完成了征服。

太平洋

- 弗朗西斯科·巴斯克斯·德·科罗纳多
- 胡安·庞塞·德莱昂
- 埃尔南·科尔特斯
- 佩德罗·德·阿尔瓦拉多
- 弗朗西斯科·德·蒙特霍
- 瓦斯科·努涅斯·德·巴尔博亚
- 埃尔南多·德·索托
- 弗朗西斯科·皮萨罗
- 阿尔瓦尔·努涅斯·卡韦萨·德巴卡

北美洲 佛罗里达半岛 墨西哥 古巴岛 伊斯帕尼奥拉岛 巴拿马 太平洋 南美洲

在这些征服者到达之后的一个世纪中，有90%的美洲

图例
重要城市
1570年时被西班牙控制的区域

大西洋

印加帝国的最后一位统治者

1532年，弗朗西斯科·皮萨罗率领180名士兵到达印加帝国。他们与印加帝国统治者阿塔瓦尔帕的军队在秘鲁北部的营地相遇。皮萨罗绑架了阿塔瓦尔帕，并索取巨额赎金。然而，为了取悦自己的军队，皮萨罗在得到赎金后处死了阿塔瓦尔帕。1533年，强大的印加帝国灭亡。

描绘皮萨罗与阿塔瓦尔帕的图画

胡安·庞塞·德莱昂，1513年
德莱昂曾到伊斯帕尼奥拉岛北部地区探险。1513年4月2日，他看到一片陆地，以为是一座岛屿，并将其命名为佛罗里达。

瓦斯科·努涅斯·德·巴尔博亚，1513～1514年
巴尔博亚率领探险队穿越了巴拿马，成为第一个从新大陆上望见太平洋的欧洲人。

佛罗里达半岛
古巴岛
波多黎各岛
伊斯帕尼奥拉岛
牙买加岛
巴拿马城
圣玛利亚-拉安蒂瓜德尔达里恩
南美洲
基多
库斯科
秘鲁总督辖区

"我和我的同伴都患有一种**心脏病**，只有**黄金**才能**治愈**它。"

1519年，埃尔南·科尔特斯对阿兹特克帝国的统治者这样说道

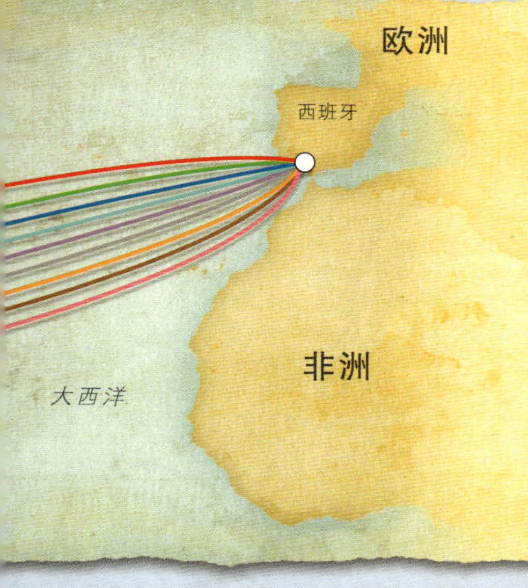

佩德罗·德·阿尔瓦拉多，1522年
阿尔瓦拉多是科尔特斯成功征服阿兹特克帝国的军队成员之一。他因奴役和杀害原住民而被视为最残酷的征服者。后来，他为西班牙夺取了更多的中美洲殖民地。

弗朗西斯科·皮萨罗，1524～1533年
皮萨罗被秘鲁的财富吸引，于1524年和1526年进行过两次失败的探险。1531年，他再次出征，征服了印加帝国。

欧洲
西班牙
非洲
大西洋

他们从哪里来？

这些数以百计的征服者都是野心勃勃的人，他们为了追逐名利，不远万里从西班牙来到新大陆。这幅地图展示的是其中一些主要的征服者从西班牙出发横渡大西洋的路线，以及他们在新大陆的第一个落脚点。

原住民死亡，其中许多死于欧洲人带来的新疾病。

哥伦布大交换

1492～1600年，新旧大陆之间通航后，人们开始交换水果、谷物、蔬菜和牲畜。这一事件被人们称作哥伦布大交换。不过，致病微生物也在无意间被带到了新旧大陆。

新大陆（美洲）

水果、蔬菜和种子，包括牛油果、豆类、辣椒、可可、花生、菠萝、土豆、甘薯、南瓜、西红柿和香草；谷物，例如玉米；牲畜，例如火鸡；非食用植物，例如烟草；疾病，例如梅毒。

旧大陆（欧洲、非洲和亚洲）

水果、蔬菜和种子，包括香蕉、柑橘、咖啡、橄榄、洋葱、桃子、梨和甘蔗；谷物，例如大麦、燕麦、水稻和小麦；牲畜，例如鸡、牛和绵羊；疾病，例如水痘、天花和疟疾。

17世纪，可可饮料在欧洲十分流行。不过它是一种

公元前6000～公元1600年

食物大交换

当不同文明之间建立联系后，会在彼此的贸易往来过程中发现新的食物。或许，世界上不同文明之间最剧烈的碰撞当属16世纪欧洲人发现新大陆（美洲）。大西洋两岸的人们都发现了大量不曾见过的食物。

奢侈的饮品，价格比当时最好的红酒还要高。

宗教改革

1517年，一名叫作马丁·路德的修道士在德国维滕贝格一所教堂的大门上钉出了一张列有95条控诉的辩论提纲（称作《九十五条论纲》），抨击控制西欧近千年的天主教会。路德的观点引发了长达130年的宗教战争和宗教迫害。不过，教会最终还是进行了改革，一个基督教的新分支“新教”由此诞生。

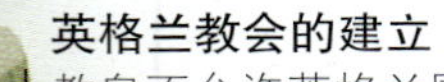

英格兰教会的建立

教皇不允许英格兰国王亨利八世与他的妻子离婚，亨利八世因此与天主教会决裂。1534年，他创立了由自己掌控的新教教会，即英格兰圣公会。

宗教战争爆发

1648年，荷兰与西班牙之间持续了80年的战争结束。荷兰分裂成两部分，南部地区（今比利时）信奉天主教，北部地区（今荷兰）信奉新教。

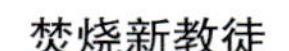

屠杀胡格诺派教徒

1572年，法国主要的新教胡格诺派教徒在巴黎被屠杀，这就是著名的圣巴托罗缪大屠杀。在法国宗教战争期间（1562～1598），新教徒被屠杀的事件时常发生。

焚烧新教徒

在西班牙，新教徒也遭到了迫害。许多新教徒在遭受严刑拷打后被焚烧致死。1558～1562年，塞维利亚和巴利亚多利德的新教徒首先遭殃。最终，新教在西班牙几乎绝迹。

马丁·路德

马丁·路德最初的目的并不是要脱离天主教会，而是希望进行改革。然而，1520年，他被驱逐出了教会。自此，他成为宗教改革的领导者。

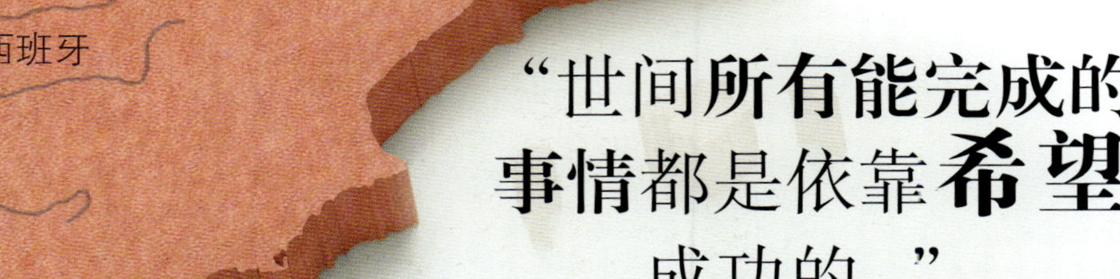

“世间**所有能完成的事情**都是依靠**希望**成功的。”

1566年，马丁·路德出版的语录集中的一句

印刷机加速了宗教改革运动的进程，路德的

约翰·加尔文

1536年，在成为新教徒之后，约翰·加尔文定居在了瑞士日内瓦。他发展出自己的教派，即加尔文教派。他还委派传教士到苏格兰、法国和荷兰传教，并协助建立新教教会。

文字印刷品在两个月之内就传遍了欧洲。

16～18世纪 加勒比海盗

16世纪，一艘艘西班牙大帆船满载着掠夺来的黄金驶离西班牙在美洲的殖民地。这些大帆船被许多私掠船和海盗觊觎。私掠船是获得过官方许可的私人武装船只，但其却把西班牙大帆船当作战利品。海盗是非法的海上劫掠者。19世纪，装备精良的海军恢复了海上航行的秩序，私掠船和海盗的时代这才得以终结。

“……一个好水手，却又是最残酷无情的**恶棍**……”

1724年，查尔斯·约翰逊在《海盗通史》中这样评价黑胡子

图例

这幅地图展示了16～18世纪时的加勒比海地区。

- 西班牙控制的区域
- 重要城镇
- 重要的海盗避风港
- 被洗劫或占领的岛屿或城镇

被海盗俘虏的水手往往会加入海盗的队伍，

私掠船还是海盗?

最早的海盗实际上就是战争时期那些被各国派往海上袭击敌船的私掠船。荷兰、英国和法国曾利用私掠船对抗西班牙。这些私掠船经常劫掠满载黄金和奴隶的船只，却依然受到尊重。除此之外，还有一些专门以劫掠财物为目的的海盗，他们的结局往往较为悲惨。

1581年，为表彰其作为私掠船船长的"功绩"，英格兰女王伊丽莎白一世向弗朗西斯·德雷克授予爵位。

奥克雷科克

斯顿

大西洋

奥克雷科克岛

奥克雷科克岛是一个偷袭商船的好地方。黑胡子一直把这里当作自己的避风港，直至1718年死于此地的一场战役中。

黑胡子

1718年，黑胡子封锁了查尔斯顿港，绑架了当地居民，场面令人触目惊心。有人说，他进攻时会在帽子下面插上两根点燃的导火线。

玛丽·里德

1719年，玛丽·里德加入了以新普罗维登斯为大本营的海盗安妮·波妮和船长白布杰克。虽然里德和波妮都是女性，但她们都穿戴男性的装束。据说，她们都是比自己的船长还勇猛的海盗。

海盗避风港

从17世纪30年代开始，伊斯帕尼奥拉岛附近的托尔图加岛就成了海盗们的藏身之处。自从私掠船被取缔后，私掠船水手、流放犯、逃亡奴隶等三教九流便聚集在此地，占领了这片海域。

新普罗维登斯

巴哈马群岛

卡马圭

斯皮图斯

托尔图加

海盗

牙买加岛

伊斯帕尼奥拉岛

圣多明各

波多黎各岛

私掠船的战利品

1571年，弗朗西斯·德雷克在波多黎各附近劫掠了一艘西班牙大帆船。后来，他又在多次航行中收获了更多的战利品，其中包括1585～1586年的一次暴行，即从卡塔赫纳到圣奥古斯丁的大洗劫。

争夺土地

没有被西班牙占领的岛屿经常在荷兰、法国和英国等列强的争夺中易手。

罗亚尔港

从1655年开始，海盗们陆续来到这个避风港。直至1687年反海盗法实施之前，该港口一直因其疯狂的派对而闻名。

击沿海城的船只

海盗船

为了追上笨重的西班牙大帆船，海盗们通常驾驶小巧、轻快的海盗船。1720年，海盗黑巴特仅用三天便洗劫了15艘大帆船。

卡塔赫纳

马拉开波

布雷·德迪奥斯

直布罗陀

博布拉塔

加拉加斯

突袭海岸

由于拥有随时可以装船的黄金储备，海岸上的城镇会反复遭受袭击。为了抵御袭击，马拉开波的海岸上架设了16门大炮。

女王的部下

1564年，约翰·霍金斯在英格兰女王伊丽莎白一世的批准下启航，通过在南美洲海岸售卖奴隶获取了巨额财富。

并希望获取财富和更多的自由。

1500～1733年 殖民时期的北美洲

北美洲殖民地化始于16世纪。当时，欧洲各国纷纷宣称对新发现陆地的所有权。最初，殖民地开拓者的生活十分艰难，有很多人丧生。不过，在他们打下根基之后的数年内，许多殖民地迅速繁荣了起来。

清教徒移民先驱

清教徒移民先驱并不是第一批到达北美洲的欧洲移民，但他们却是最著名的移民。1620年9月16日，包含男人、女人和儿童的102名乘客搭乘“五月花”号帆船离开了英格兰。12月21日，他们在普利茅斯岩登上了北美洲大陆。

图例

这幅地图展示了1733年时英国、法国和西班牙对北美洲的殖民情况。

- 英国殖民地
- 法国殖民地
- 西班牙殖民地
- 争议地区
- 毛皮贸易站

北美洲

新法兰西

新墨西哥

圣菲

路易斯安那

哈得孙湾

新奥尔良

新西班牙总督辖区

哈得孙湾

欧洲商人夺取了美洲原住民开拓的大部分毛皮贸易路线。17世纪70年代，英国哈得孙湾公司在哈得孙湾沿岸建立了工厂。

缅因

殖民者与美洲原住民之间的冲突是早期移民遇到的常见问题，例如发生于今美国缅因州境内的菲利普王战争（1675～1676）。

新阿姆斯特丹

1664年，英国人宣称新阿姆斯特丹（由荷兰人建立于1626年）为英国的领地，并将其改名为纽约。

詹姆斯敦

1607年，英国人成功建立了第一个北美洲殖民地——詹姆斯敦。

圣菲

早在16世纪，西班牙人就从墨西哥来到了现在的美国西南部进行探索。1609年，他们在圣菲建立首府。

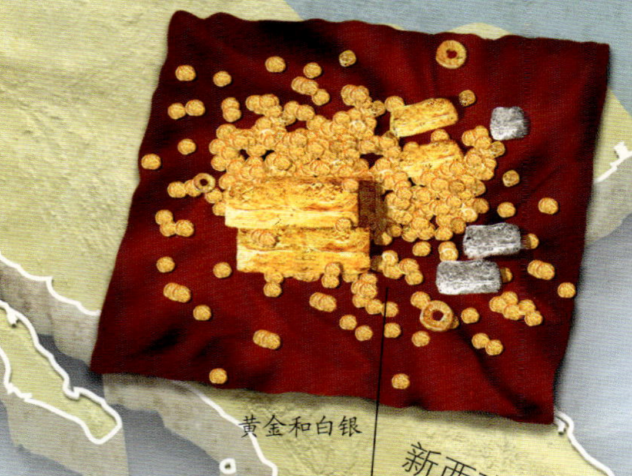

黄金和白银

新西班牙

1500～1650年，西班牙人将注意力集中在了新西班牙地区。他们从这里输出了164吨黄金和15400吨白银。

新奥尔良

1718年，约7000名移民从法国来到新奥尔良，拉开了路易斯安那发展的序幕。

1700年时，北美洲的欧洲移民数量已达到

25万。他们主要来自英国、德国、西班牙和法国。

16～19世纪 奴隶贸易

虽然奴隶制在世界上许多地区存在了数千年，但奴隶制历史中最臭名昭著的事件却是大西洋奴隶贸易。16～19世纪，奴隶贩子掳掠了大约1200万非洲人。奴隶们在极其恶劣的条件下横渡大西洋被运送到美洲，然后被卖到种植园或矿场。

大西洋奴隶贸易有时也称作“Maafa”。在斯瓦希里

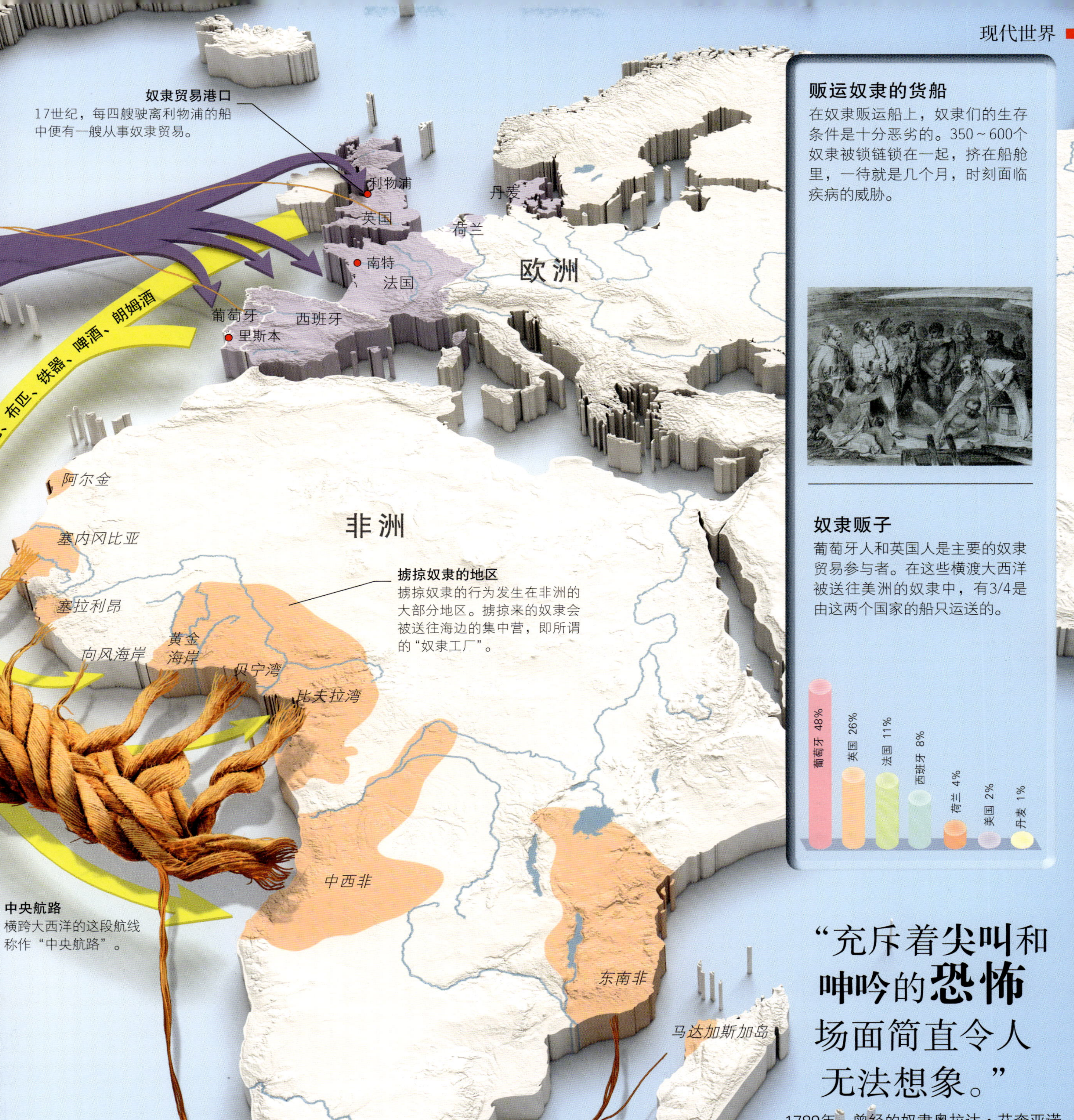

贩运奴隶的货船

在奴隶贩运船上，奴隶们的生存条件是十分恶劣的。350～600个奴隶被锁链锁在一起，挤在船舱里，一待就是几个月，时刻面临疾病的威胁。

奴隶贩子

葡萄牙人和英国人是主要的奴隶贸易参与者。在这些横渡大西洋被送往美洲的奴隶中，有3/4是由这两个国家的船只运送的。

“充斥着尖叫和呻吟的**恐怖**场面简直令人无法想象。”

1789年，曾经的奴隶奥拉达·艾奎亚诺这样评价奴隶贩运船

语中，“Maafa” 的意思是 “大屠杀” 或 “大灾难”。

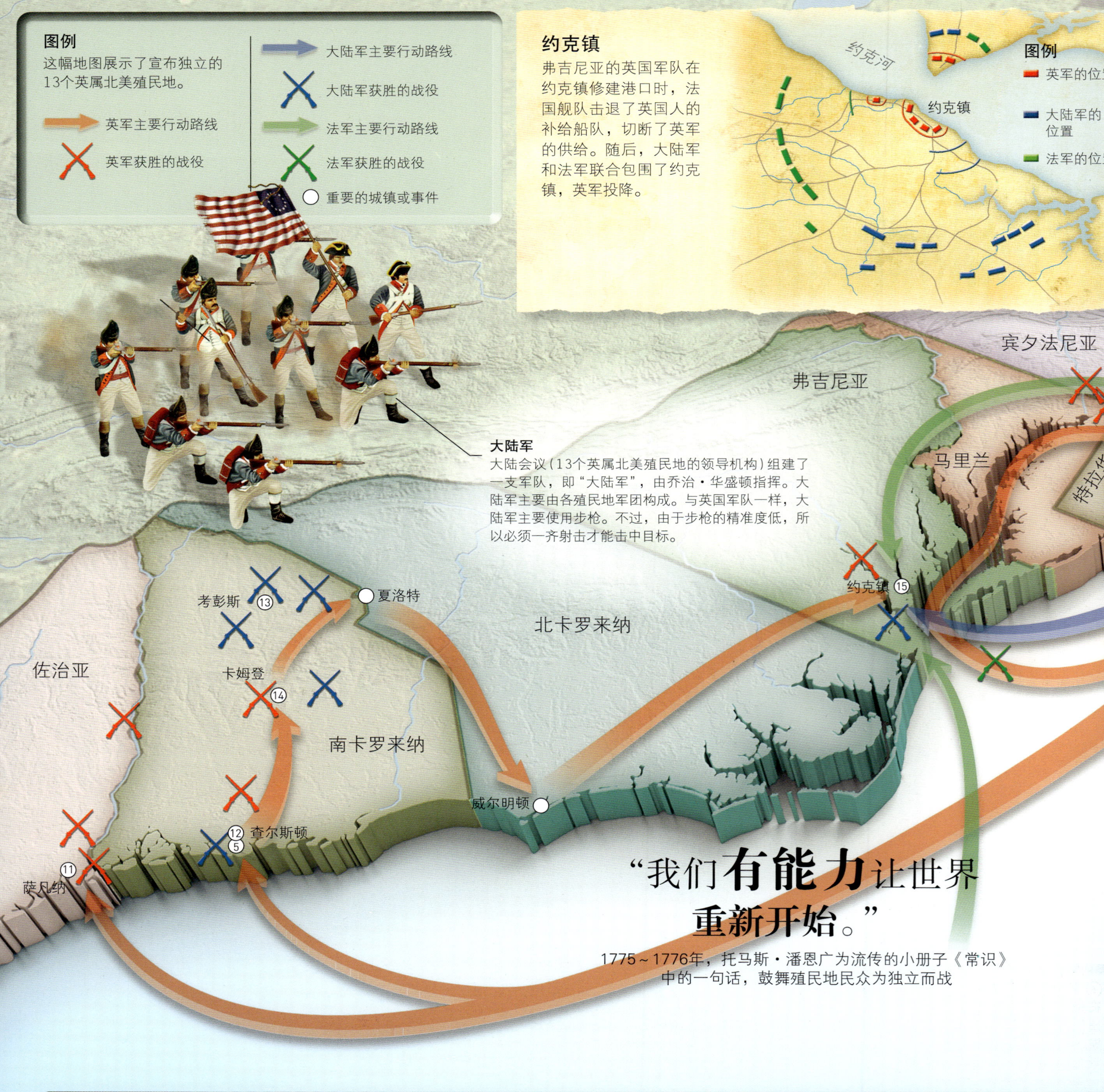

“我们**有能力**让世界**重新开始**。”

1775～1776年，托马斯·潘恩广为流传的小册子《常识》中的一句话，鼓舞殖民地民众为独立而战

① **1773年12月16日**
一群伪装成莫霍克人的波士顿人将茶叶倾倒在波士顿港，以此表达对英国征收茶税的不满。

② **1775年4月19日**
在列克星顿，当地民兵与英国军队之间发生了武装冲突，打响了北美独立战争的第一枪。

③ **1775年6月17日**
英国军队在波士顿城外的邦克山战役中获胜，但伤亡惨重。

④ **1776年3月17日**
英军撤离波士顿，撤退时他们摧毁了城中所有的军事设施。

⑤ **1776年6月28日**
英军试图夺取查尔斯顿，但因沙利文岛战役失败而告终。

当时的英国首相诺斯勋爵听到自己国家的

北美洲

英国军队
1776年，英国军队是世界上最优秀的军队之一。英国士兵有一个外号，叫作“红衣兵”。在某些战役中，英国军队中还有一些身着绿色军装的殖民地人，即所谓的“效忠派”。

魁北克
纽约
⑩ 萨拉托加
马萨诸塞
新罕布什尔
马萨诸塞
列克星顿 ②
康涅狄格
① ③ ④ 波士顿
罗得岛
费城
特伦顿 ⑧
纽约 ⑦
新泽西
大西洋

1775～1781年 北美独立战争

独立战争之前，英国加强了对英属北美殖民地的控制。在几年的紧张局势之后，各英属北美殖民地宣布独立，随之引发战争。英美之间的战争持续了六年，双方都没能够取得决定性的胜利。1781年，英国军队陷入了困境并投降。

⑥ **1776年7月4日**
在费城，13个英属北美殖民地一致通过了托马斯·杰斐逊起草的《独立宣言》。

⑦ **1776年8月**
英军在一系列小规模战役中战胜了乔治·华盛顿领导的大陆军，控制了纽约。

⑧ **1776年12月26日**
在新泽西的特伦顿战役中，大陆军取得了独立战争中的第一次重要胜利。

⑨ **1777年9月26日**
英军在豪将军的带领下进入费城。然而，1778年他们又放弃了费城，退守纽约。

⑩ **1777年10月17日**
英国将军伯戈因在萨拉托加向大陆军投降。大陆军的这次胜利提高了法国参战的信心，法军成为大陆军的盟友。

⑪ **1778年12月29日**
英军在萨凡纳击败大陆军。佐治亚的其他地区很快被英军控制。

⑫ **1780年5月12日**
在英军围困查尔斯顿数月之后，大陆军在本杰明·林肯的带领下向英军投降。

⑬ **1781年1月17日**
在南卡罗来纳的考彭斯，大陆军在丹尼尔·摩根的指挥下击败了英军。

⑭ **1781年4月25日**
英军在卡姆登击败了大陆军，但因损失惨重而被迫撤退。

⑮ **1781年10月17日**
在约克镇被切断补给后，康沃利斯带领英军向大陆军和法军投降。英军的此次失败标志着北美独立战争的结束。

军队在约克镇投降的消息后，不禁失声痛哭。

印度洋

图例

流放犯定居的区域

流放地

其他重要的地点

1788年，第一舰队的航行路线

1788年～19世纪60年代

流放澳洲

1788年1月18日，首批载有1000多人的11艘船抵达澳大利亚的植物学湾。这批乘客中有700多人是被判流放的英国罪犯，所犯罪行从偷盗至谋杀皆有。从1793年起，自由移民也开始移居到澳大利亚。这一切给原本生活在此地的30万原住民带来了灾难性的影响。成千上万的原住民死于疾病或暴力行为，他们的家园也逐渐被移民占据。

原住民的土地

原住民是居住在澳大利亚的原始居民，各部落之间有清晰的边界。欧洲人却无视这一切，宣称这里为自己的领地，从未考虑过原住民的权利和传统。

澳 大 利 亚

“我们发现，自己到了一个港口……它比我们之前见过的所有港口都好。”

1788年1月26日，沃特金·坦奇这样描述杰克逊港（今悉尼）

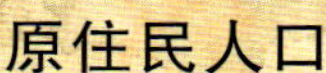

原住民人口

欧洲人抵达之前，澳大利亚的原住民已经在此地生活了4万多年。到1920年时，由于受斗争和疾病的摧残，原住民的人口数量已经降至10万。即便如此，他们还是将自己的文化传承了下来，将舞蹈、人体艺术等文化传统延续至今。

天鹅河殖民地

1828年，珀斯的天鹅河地区建立起了西澳的第一块殖民地。这里原本是一个自由殖民地，但由于移民们希望流放犯能够帮助他们开垦坚硬的土地，这里于1850年成了流放地。

弗里曼特尔

1868年，最后一艘载有流放犯的船抵达弗里曼特尔港，它给西澳地区带来了最后一批的9000多名流放犯。

珀斯

弗里曼特尔

奥尔巴尼

“天狼星”号

第一舰队（第一批驶离英国的11艘船）的旗舰是一艘英国皇家海军护卫舰。舰队的指挥官是亚瑟·菲利普船长。抵达植物学湾后，他就任总督，并决定将定居点迁移到杰克逊港。

1788～1850年，英国政府将16.2万名罪犯流放

新几内亚岛

漫游世界

1787年5月13日，第一舰队驶离英国的朴次茅斯港，历时八个月抵达植物学湾。期间，舰队曾在特内里费、里约热内卢、开普敦等地补充供给，并沿途收集了一些植物、种子和牲畜（马、绵羊和山羊），带到了这片新的大陆。

北美洲 朴次茅斯 欧洲 亚洲 特内里费 非洲 南美洲 里约热内卢 开普敦 大洋洲 植物学湾

莫顿湾

悉尼的流放犯如果再次犯罪，就会被遣送到此地。这里的条件特别恶劣，许多犯人曾试图逃跑，但都没能成功。

麦尔溪

1838年，28名原住民在麦尔溪被欧洲移民杀害。欧洲人和原住民之间曾经发生过许多次冲突，双方都曾是冲突的挑起者。不过，这次的事件却不同寻常，因为行凶的移民最终被绳之以法。11名罪犯中有7人被处以绞刑。

凯斯尔山

1804年3月，流放犯中的一群叛乱者从凯斯尔山的一个农场逃跑，并与军队发生交战。最终，军队获胜，叛乱者被处死。

自由平原

1793年，第一批自由移民抵达澳大利亚。英国政府赠予了他们土地，还提供流放犯作为劳动力。此外，他们还得到了两年的食物供给和一年的衣物供给。

杰克逊港

澳大利亚的第一个流放地（罪犯被流放的地方）建在了杰克逊港。这里的土壤比植物学湾的肥沃。后来，这个地方发展成了悉尼。

植物学湾

1788年1月18日至20日，第一舰队抵达植物学湾。这里的土壤贫瘠、淡水资源匮乏，不适合定居。

麦尔溪 莫顿湾 麦觉理港 史蒂芬港 纽卡斯尔 惠灵顿 凯斯尔山 杰克逊港 自由平原 植物学湾 墨尔本 西港 菲利普港

里司登湾

1803年，为阻止法国人宣称塔斯马尼亚岛是法国的领地，一群英国人被从悉尼遣送到此地。里司登湾因此成了流放地。

达尔林普尔港 塔斯马尼亚岛 玛利亚岛 麦夸里海港 里司登湾 沙利文湾 阿瑟港

阿瑟港

从1832年起，凡是在原流放地触犯法律的流放犯都会被遣送至阿瑟港。与其他流放地相比，此地拥有最严格的安保措施和最严厉的惩罚手段。

至澳大利亚。他们绝大多数是盗窃犯。

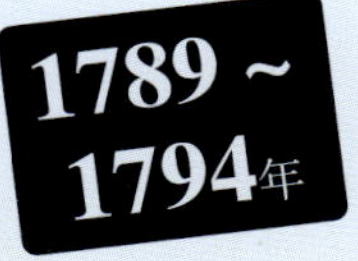

法国大革命

1789年，法国正处于动荡时期。国家因战争而几近破产，农作物歉收。在国王向平民征收税费的同时，贵族们却依然过着奢靡的生活。人民因此发动革命，用流血牺牲推翻了君主统治，实现了共和制。

发生在巴黎的大事件

大革命中的许多重要事件都发生在巴黎。

1789年7月14日
一群愤怒的民众攻陷了象征王权的巴士底狱。攻占巴士底狱是法国大革命开始的标志。

1789年8月26日
制宪议会通过了《人权宣言》(全称《人权和公民权宣言》)。它规定，人无论男女，生来就是平等的。因此，贵族没有权利统治平民。法国的民主政治由此开始。

1792年8月10日
愤怒的民众对杜伊勒里宫发起了猛攻，并将国王囚禁。1791年，国王路易十六曾经试图逃离法国，被抓获后就一直监禁在这座宫殿中。

1792年9月22日
新一届政府宣布建立法兰西第一共和国。

1793年1月21日
国王路易十六被处决。

1793年5月31日
马克西米连·罗伯斯庇尔领导雅各宾派取得了政权，并赋予自己无限的权力。在雅各宾派的"恐怖统治"时期，雅各宾派成员将许多人指控为反革命者，并处决了4万人。

1793年8月
法兰西第一共和国呼吁法国军队加入法国革命战争。

1793年10月16日
法国王后玛丽·安托瓦内特被处决。

1794年7月28日
雅各宾派被推翻，其领导人罗伯斯庇尔被处决。

英国

抗议游行
1789年10月5日，7000名妇女在凡尔赛宫举行游行，抗议食物短缺。

旺代叛乱
这一地区的农民生活水平较高。他们对自己的领主和教会都十分忠诚。1793~1799年，他们为反对共和制展开了激烈的斗争。

勒阿弗尔
卡昂
雷恩
昂热
南特
旺代
普瓦捷
吕弗克
波尔多
西班牙

"**自由**、平等、博爱，或**死亡**。"

法国大革命口号

锋利的断头台俗称"国民剃刀"，

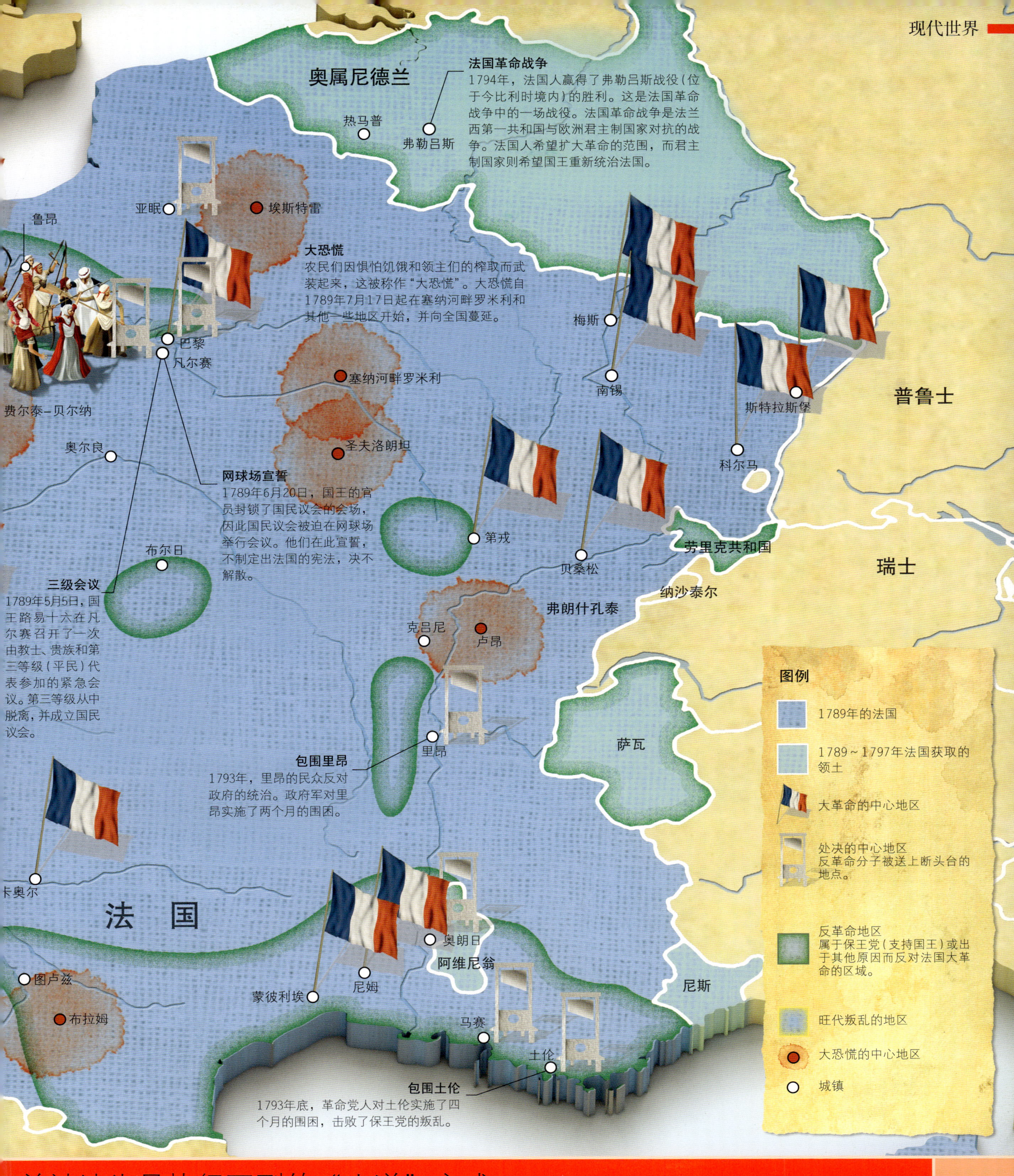

曾被认为是执行死刑的“人道”方式。

1796～1815年 拿破仑

拿破仑·波拿巴是有史以来最杰出的军事将领之一。1796年，他被任命为法军意大利军团司令；三年后，他开始统治法国。在接下来的十几年中，他带领法国进行了一系列战争，从而控制了欧洲的大部分地区。不过，拿破仑在试图征服巨大的俄罗斯帝国时却惨遭失败。

拿破仑被允许使用武力为军队招募新兵。大约

莫斯科

普鲁士王国

华沙大公国

小雅罗斯拉夫韦茨，1812年

6. 进入莫斯科，1812年9月
拿破仑大军追击俄军至莫斯科后，发现他们已经弃城，并将莫斯科付之一炬。但俄国人却拒不投降。寒冬来临，拿破仑只得撤军。

7. 撤出俄国，1812年11月
饥寒交迫的拿破仑军队在俄军的持续攻击下，撤退到了华沙大公国境内，军队人数锐减至2.7万。

5. 进军俄国，1812年6月
拿破仑率领一支由多个民族的士兵组成的40万大军向俄国进军。军队中除了法国人，还有大量的德意志人、波兰人和意大利人。

8. 莱比锡战役，1813年
这场称作“民族会战”的战役是第一次世界大战以前欧洲规模最大的战役。由俄国、奥地利、普鲁士和瑞典组成的联军击败了拿破仑的军队。

奥斯特利茨，1805年

瓦格拉姆，1809年

俄罗斯帝国

奥地利帝国

黑海

奥斯曼帝国

拿破仑的垮台

拿破仑统治时期，法国几乎与欧洲所有的国家都交过手。这些法国的敌对国家因此组成了一系列的联盟。拿破仑无法击败英国，所以他想通过贸易封锁来削弱英国的经济。为达到此目的，拿破仑不得不以武力迫使葡萄牙、西班牙和俄国加入。因此，他需要同时与这些分别位于欧洲两端的国家开战。即使他是拿破仑，也不可能完成这样的任务。最终，拿破仑于1815年战败，并被流放。

讽刺拿破仑竭尽所能地控制欧洲两端的漫画

“你说这**不可能**。法国人的词典里就**没有这三个字**。”

1813年，拿破仑·波拿巴在一封信中为自己疲惫的军队索取补给

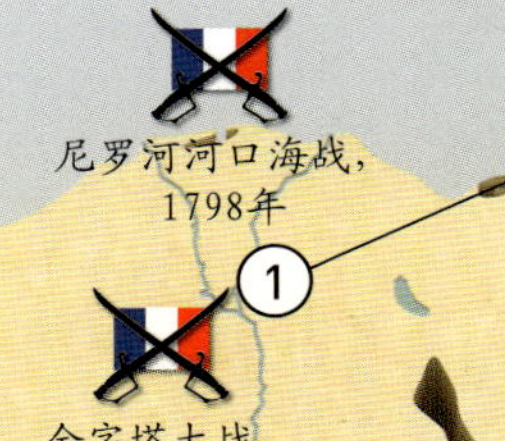

1. 远征埃及，1798～1801年
拿破仑深知，如果他控制了埃及，就能够威胁英国在印度的统治地位。占领埃及之后，他将考古学家带到这里，对古代的废墟进行发掘。这一举动引发了欧洲人对埃及的狂热兴趣。不过，拿破仑仅取得了陆地战争的胜利，英国海军最终迫使法军撤退。

埃及

有100万士兵在拿破仑建设帝国的过程中丧命。

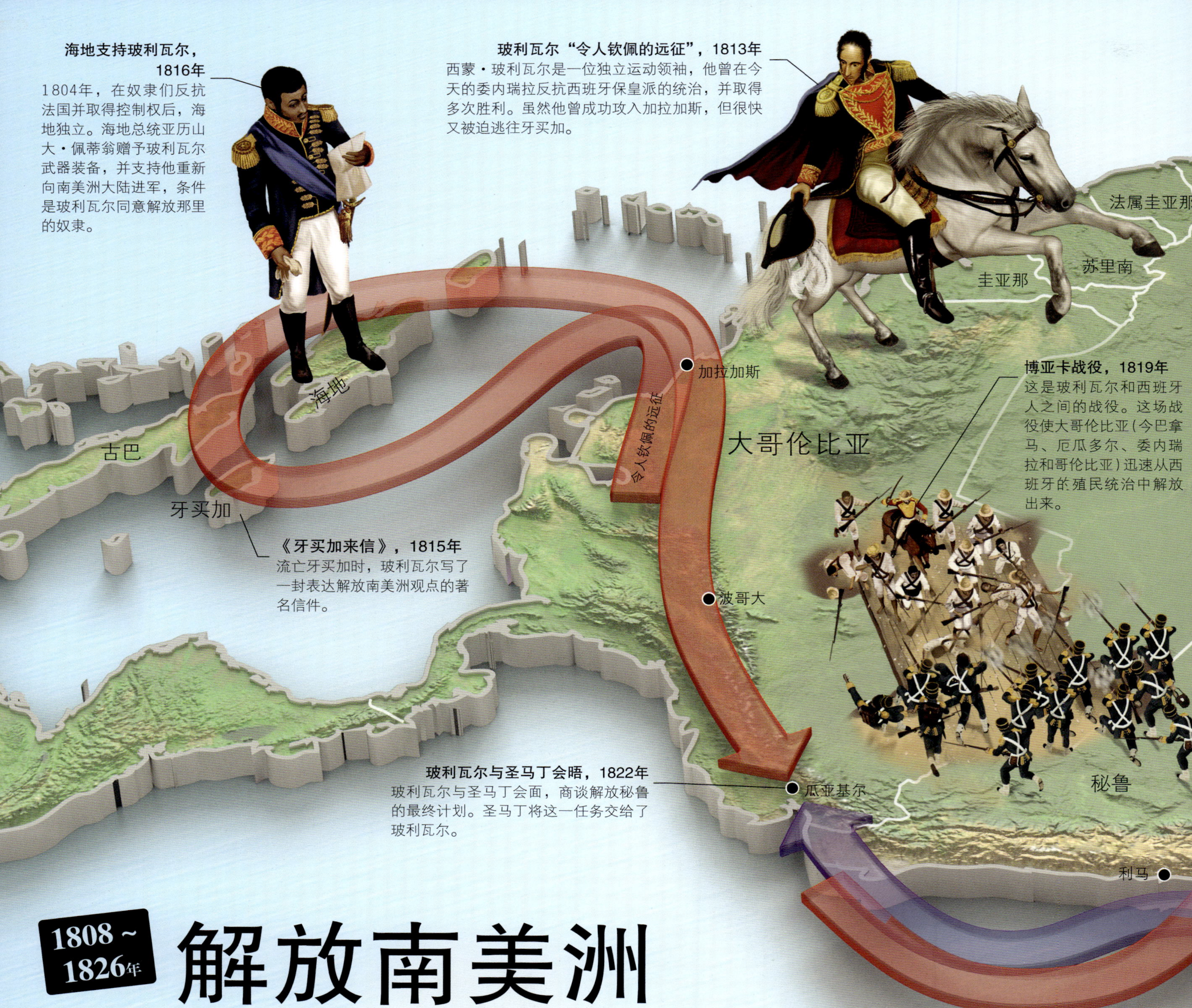

1808～1826年 解放南美洲

1807～1808年，法国的拿破仑占领了西班牙并入侵葡萄牙，削弱了这两个国家对南美洲殖民地的控制。南美洲的革命者，如西蒙·玻利瓦尔，趁机将自己的国家从300多年的殖民统治中解放出来。到1826年时，除古巴和波多黎各外，西班牙在美洲的所有殖民地都摆脱了殖民统治，葡萄牙也失去了巴西这一殖民地。

图例

南美洲曾有许多独立运动领袖，不过，西蒙·玻利瓦尔和何塞·德·圣马丁最为著名。

- 西蒙·玻利瓦尔的解放路线
- 何塞·德·圣马丁的解放路线
- 重要城镇

西蒙·玻利瓦尔为当今六个国家的解放做出了贡献，这六个国家

巴西建立帝国，1822年
葡萄牙王室在拿破仑入侵葡萄牙后流亡至里约热内卢。葡萄牙摄政王若昂亲王最终回国，但将自己的儿子佩德罗留在了巴西。佩德罗领导巴西独立，并成为首任皇帝，即佩德罗一世。

巴拉圭解放，1811年
西班牙对巴拉圭的控制原本就不强，当西班牙对巴拉圭的主要农作物马黛茶强制收取高额税费时，当地人无力负担。巴拉圭人因此不再忍耐，宣布独立。

秘鲁解放，1824年
西蒙·玻利瓦尔的副官安东尼奥·何塞·德·苏克雷取得了阿亚库乔战役的胜利，战败的西班牙总指挥签署了西班牙保皇派军队在秘鲁的投降书。

拉普拉塔解放，1810年
这一地区当时被西班牙人称作拉普拉塔总督辖区，此地的西班牙殖民政权于1810年被推翻。后来，何塞·德·圣马丁加入了这一地区的独立运动，并于1814年提出先解放智利，再经由海路解放秘鲁的计划。

玻利维亚解放，1825年
苏克雷将西班牙保皇派反抗力量驱逐出上秘鲁，并将这一地区命名为玻利维亚，以纪念其解放者玻利瓦尔。

翻越安第斯山脉，1818年
何塞·德·圣马丁决定穿过智利到达秘鲁。他与智利的独立运动领导人贝尔纳多·奥希金斯一起率领军队翻越了危险的安第斯山脉。

“连接我们与**西班牙**的**纽带**已经**断裂**了。”

1815年，西蒙·玻利瓦尔《牙买加来信》

智利解放，1818年
因为没有人预料到军队会翻山越岭发动袭击，圣马丁与奥希金斯仅用几次短暂的战役就解放了智利。

是：巴拿马、哥伦比亚、委内瑞拉、厄瓜多尔、秘鲁和玻利维亚。

达尔文的发现之旅

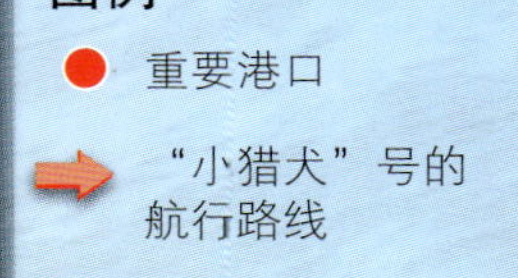

在南美洲探索期间，英国科学家查尔斯·达尔文研究了当地的岩石、植物和动物。这促使他发展出了进化论的观点。进化论是科学史上的一次巨大飞跃。

环游世界

为了返回英国，“小猎犬”号必须横渡太平洋，途经澳大利亚和南非，完成环绕地球的航行。

北美洲
欧洲
亚洲
大西洋
太平洋
非洲
太平洋
印度洋
南美洲
大洋洲

图例
“小猎犬”号的航行路线

南美洲

水豚

这些大型的啮齿动物是达尔文在南美洲大陆上常见的一种生物。

安第斯山脉

利马

加拉帕戈斯群岛

这一岛链上不同寻常的野生生物让达尔文开始思考多样的生命是如何形成的。

太平洋

奇怪的野生生物

达尔文发现，加拉帕戈斯群岛上的野生生物，如在海中觅食的海鬣蜥，是地球上其他地方所没有的。很多岛屿都有自己独有的嘲鸫、雀类和巨型陆龟。他认为这些生物一定是在朝新的方向进化之前就来到了这些岛屿。

“小猎犬”号最初的航行计划为两年，但后

“小猎犬”号
1831年，一艘名为“小猎犬”号的英国勘探船从英格兰的普利茅斯起航，任务是绘制南美洲海岸线的地图。达尔文是随船的博物学家，时年22岁。

进化革命

达尔文的发现似乎证实了，地球的年龄远比人们之前以为的要大。他提出了一种关于生命形式在数百万年的时间中如何发生变化的理论。这是一种新的观点。为了证明它，达尔文花了20年时间收集标本和其他证据。1859年，他发表了进化论，随即引发了一场科学革命。

达尔文收集的部分甲虫标本

加乌乔人
达尔文连续数周像加乌乔人（潘帕斯草原上的牛仔）一样生活。

大地懒
在乌拉圭，达尔文发现了这种已经灭绝的巨型地懒——大地懒的骨骼化石。

“……它本身就是一个小型世界；它的居民是**其他地方所没有的。**”

1835年，查尔斯·达尔文这样评价加拉帕戈斯群岛

原驼
这种与骆驼有亲缘关系的动物常常被水手捕食。

森林化石
在安第斯山脉海拔1800米的地方，达尔文发现一些曾经是海床的岩山上有石化了的树木。这让他开始思考，这样的变化到底需要多长的时间。

小美洲鸵
达尔文在南美洲南部发现了这种比鸵鸟体形小、不会飞的大鸟。在同伴们烹食享用这种大鸟时，达尔文才意识到这是当地的特有物种，并留存了剩余部分作为标本。

猎蝽
达尔文先让这种吸血昆虫在他的胳膊上吸食血液，然后再捉住它，并观察它吸一次血后能够存活多长时间。

达尔文蛙
达尔文在智利的森林中发现了这种奇怪的青蛙。蝌蚪在雄蛙的声囊中孵化、成长。

合恩角的风暴
在合恩角附近，“小猎犬”号遭遇了持续数周的风暴。

来却完成了一次持续五年的环球航行。

工业革命

1800年时，欧洲大多数人居住在村庄，以农耕为生。但到1900年时，欧洲西北部的大多数人都生活在城镇里，在工厂工作。这是工业革命带来的变化。18世纪，英国人利用燃煤蒸汽的能量和钢铁创造了一系列发明。

1791～1850年，大约1/3的英格兰工人家庭

童工

人们大量地涌入城市，到新的工厂中寻找工作机会。但是由于工资过低，许多家庭不得不让家里的孩子也去工作。童工是非常受欢迎的，因为他们身形小巧，既能够钻进矿井中的狭窄隧道里，又能够爬进工厂大型机器的缝隙中。

19世纪40年代，童工在矿井中拉煤车。

埃森，1847～1851年

阿尔弗雷德·克虏伯优化了铸钢的工序。钢铁技术是工业革命第二波浪潮的组成部分，此浪潮发生于19世纪40年代至70年代，主要波及德国、比利时和瑞士。埃森位于德国的工业中心鲁尔区。

列日，19世纪40年代

比利时东部默兹河畔的列日是欧洲大陆第一个完全实现工业化的地区。

里昂，1801年

约瑟夫·玛丽·雅卡尔在这里展示了他的发明——能够编织图案的织布机。

美国工业

新英格兰地区水流湍急的黑石河是美国工业革命的发源地。河谷中开设了数百家工厂，塞缪尔·斯莱特的工厂也开在这里。1790年，斯莱特的工厂成为美国首家引进英国技术的水力纺织工厂。由于英国禁止出口水力纺纱机，斯莱特便产生了走私阿克赖特的水力纺纱机的念头。

斯莱特的工厂

男孩，从8岁开始就被迫去工作了。

1848年 革命之年

1848年，人们走上街头为自己的权利而斗争，争取更好的工作环境和民主（所有人都应享有选举权，而不仅仅是统治阶级）。在德国和意大利，人们则在为独立和统一而战斗。一部分起义获得了短暂的成功，但大多数都被血腥镇压了。到1849年时，人们已陷入绝望。不过，在之后的几十年里，他们的许多目标都实现了。

法兰克福国民议会提议使用代表革命者的

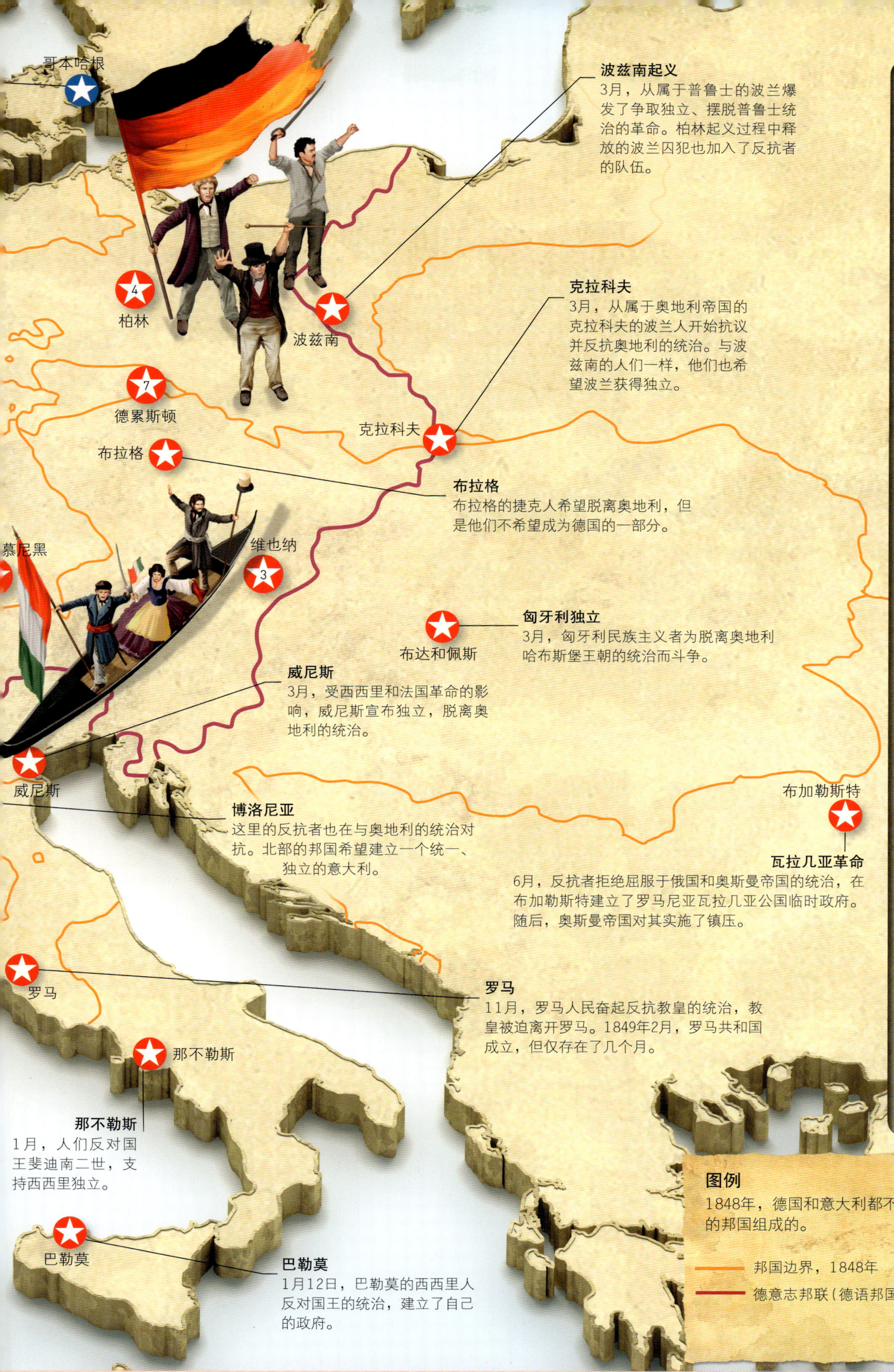

德意志邦联

德意志邦联39个独立邦国的革命一直持续到1849年。人们希望建立一个统一的、人民拥有自由的德国。

1 2月：曼海姆
巴登邦国的人们聚集在曼海姆，要求通过权利法案。这引发了德意志许多其他邦国的类似事件。

2 3月：慕尼黑
成千上万的工人聚集在慕尼黑街头，对工人的权利提出要求，如合理的报酬和公平的就业机会等。

3 3月：维也纳
维也纳人第一次起义就迫使哈布斯堡王朝的首相梅特涅流亡到了国外。

4 3月：柏林
为了平息骚乱，普鲁士国王提出由普鲁士来领导德意志邦国。

5 3月：石勒苏益格
在这个由丹麦控制的地区，官员们宣布成立独立政府。这引发了德意志邦联和丹麦之间的战争。

6 9月：法兰克福
反对新成立的德国国民议会（成立于1848年5月）的暴乱在普鲁士和奥地利的帮助下被镇压。

7 1849年5月：德累斯顿、卡尔斯鲁厄
由于普鲁士国王拒绝统治德国，议会解散。民主运动在许多地方爆发，但最终被军队残酷镇压。

波兹南起义
3月，从属于普鲁士的波兰爆发了争取独立、摆脱普鲁士统治的革命。柏林起义过程中释放的波兰囚犯也加入了反抗者的队伍。

克拉科夫
3月，从属于奥地利帝国的克拉科夫的波兰人开始抗议并反抗奥地利的统治。与波兹南的人们一样，他们也希望波兰获得独立。

布拉格
布拉格的捷克人希望脱离奥地利，但是他们不希望成为德国的一部分。

匈牙利独立
3月，匈牙利民族主义者为脱离奥地利哈布斯堡王朝的统治而斗争。

威尼斯
3月，受西西里和法国革命的影响，威尼斯宣布独立，脱离奥地利的统治。

博洛尼亚
这里的反抗者也在与奥地利的统治对抗。北部的邦国希望建立一个统一、独立的意大利。

瓦拉几亚革命
6月，反抗者拒绝屈服于俄国和奥斯曼帝国的统治，在布加勒斯特建立了罗马尼亚瓦拉几亚公国临时政府。随后，奥斯曼帝国对其实施了镇压。

罗马
11月，罗马人民奋起反抗教皇的统治，教皇被迫离开罗马。1849年2月，罗马共和国成立，但仅存在了几个月。

那不勒斯
1月，人们反对国王斐迪南二世，支持西西里独立。

巴勒莫
1月12日，巴勒莫的西西里人反对国王的统治，建立了自己的政府。

图例
1848年，德国和意大利都不是统一的国家，而是由各自为政的邦国组成的。

邦国边界，1848年

德意志邦联（德语邦国的同盟）

起义或动乱

和平抗议

黑、红、金三色旗作为统一的德意志旗帜。

1776～1890年 美国的边界

1776年，美国仅由东海岸的13个殖民地组成，当时的“西部荒原”还是一片广阔的、未开发的土地。许多美国人认为，他们有责任探索和开拓这一地区，并把这种责任称作“天定命运”。数万移民经历了严酷的旅程来到西部，与世代居住在此地的印第安人发生了冲突。

1860～1861年，加利福尼亚连通了“驿马快信”服务，

哈得孙湾

约克工厂

约克工厂
哈得孙湾公司控制了当时的毛皮贸易，并派遣毛皮猎人探索内陆。其总部设立于此。

印第安人的困境

美国人为了寻求自由和更美好的生活，展开了西进运动。随着西进运动的进行，印第安人发现自己的土地被入侵，自由被剥夺，文化被摧毁殆尽。印第安人与美国之间的战争持续了一个多世纪。苏族人的首领坐牛一直率领族人反抗，直至他和他的家人于1881年在战争中被俘。

1882年，在美国骑兵看守下的坐牛及其家人。

鲁珀特地区（哈得孙湾公司所有），1870年

下加拿大，1791年

上加拿大，1791年

增加的美国领土，1783年

伤膝河大屠杀，1890年
在印第安人和美军最后一次关键的遭遇战中，苏族人几乎被杀光。

密西西比河

路易斯安那购置地，1803年

纳府

圣约瑟夫

独立城

圣路易斯

血泪之路
1830年，美国政府通过了《印第安人迁移法案》，将印第安人强行驱逐出东南部和东北部，并重新安置在密西西比河以西的区域。此次迁移即著名的“血泪之路”。

13个殖民地，1776年

锥形帐篷

印第安保留区
大平原上的部落，如波尼族部落，是被安置在印第安保留区（今俄克拉何马州的一部分）的部落之一。当初，在大平原的家乡，波尼人在捕猎野牛时居住的是一种圆锥形帐篷。

纳契托什

密西西比河

圣安东尼奥

佛罗里达购置地，1819年

墨西哥湾

图例

重要地点

战场

红河割让地，1818年 — 区域及其建立的年份

探险队路线

刘易斯与克拉克探险队
1803～1804年美国政府发起的探索和绘制国家地图的探险之旅。

派克探险队
美国政府派遣泽布伦·派克探索三大河流源头的探险之旅。

拓荒之路

俄勒冈小道
早期的移民道路，全长3200千米。

加利福尼亚小道
1849年通往淘金热地区的主要移民道路。

摩门小道
寻找新家园的宗教难民摩门教徒迁移的道路。

贸易和邮政路线

圣菲古道
1821年开通的主要贸易路线，美国入侵墨西哥时曾使用该路线。

约克工厂专用路
毛皮商前往港口的主要贸易路线。

从美国东部至西海岸的邮件可在十天内抵达。

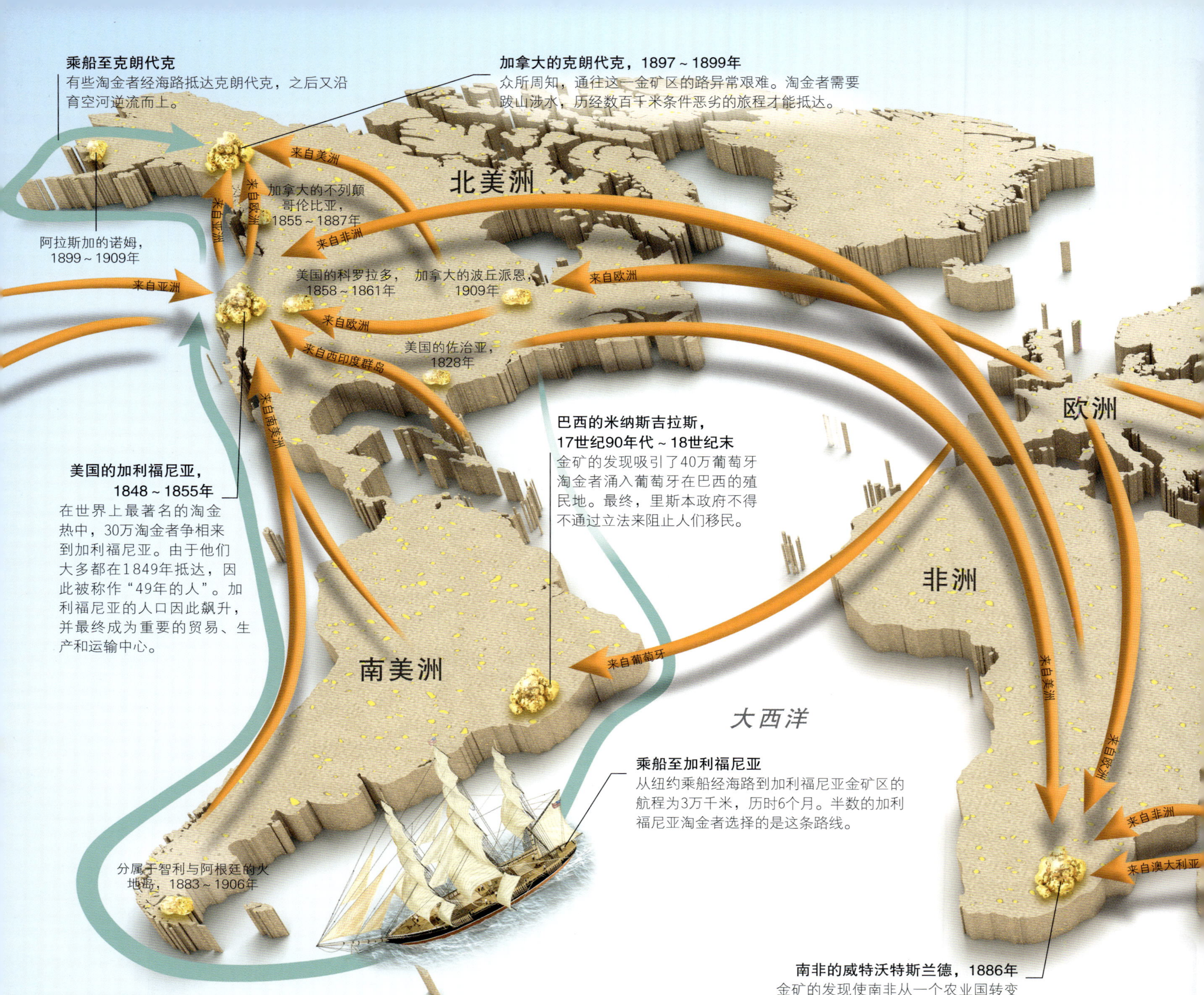

乘船至克朗代克
有些淘金者经海路抵达克朗代克，之后又沿育空河逆流而上。

加拿大的克朗代克，1897～1899年
众所周知，通往这一金矿区的路异常艰难。淘金者需要跋山涉水，历经数百千米条件恶劣的旅程才能抵达。

阿拉斯加的诺姆，1899～1909年

加拿大的不列颠哥伦比亚，1855～1887年

美国的科罗拉多，1858～1861年

加拿大的波丘派恩，1909年

美国的佐治亚，1828年

北美洲

来自美洲
来自欧洲
来自亚洲
来自非洲
来自西印度群岛
来自南美洲

巴西的米纳斯吉拉斯，17世纪90年代～18世纪末
金矿的发现吸引了40万葡萄牙淘金者涌入葡萄牙在巴西的殖民地。最终，里斯本政府不得不通过立法来阻止人们移民。

美国的加利福尼亚，1848～1855年
在世界上最著名的淘金热中，30万淘金者争相来到加利福尼亚。由于他们大多都在1849年抵达，因此被称作“49年的人”。加利福尼亚的人口因此飙升，并最终成为重要的贸易、生产和运输中心。

欧洲

非洲

南美洲

来自葡萄牙

大西洋

来自美洲
来自欧洲
来自非洲
来自澳大利亚

乘船至加利福尼亚
从纽约乘船经海路到加利福尼亚金矿区的航程为3万千米，历时6个月。半数的加利福尼亚淘金者选择的是这条路线。

分属于智利与阿根廷的火地岛，1883～1906年

南非的威特沃特斯兰德，1886年
金矿的发现使南非从一个农业国转变成重要的黄金生产国，并促成约翰内斯堡的建立。

1690～1899年 淘金热

从17世纪末开始，前往新发现的地区寻找黄金成为一股潮流，即淘金热。全球成千上万的移民都在寻找财富。有些淘金热规模很大，伴随着人口的激增和贸易的蓬勃发展，能够给一个地区带来持续的繁荣。然而，这些财富最终仅流入了淘金热大军中很少一部分人的手中。

图例
这幅地图展示了历史上较大的淘金热。

 大型的淘金热地点

 小型的淘金热地点

 人口迁移方向

 海上路线

1851～1896年，在澳大利亚的维多利亚淘金

一夜暴富

淘金热表面上是财富和好运的代名词，但现实却十分残酷。淘金者需要先经历艰难的旅程。如果能够顺利到达金矿区，他们还需要承担高昂的生活成本，并支付淘金盘的费用。在众多的淘金者中，只有少数人能够发现金子，而能够赚钱的人则少之又少。

到克朗代克金矿区的淘金者
10万人前往
3万～4万人抵达
4000人淘到金子

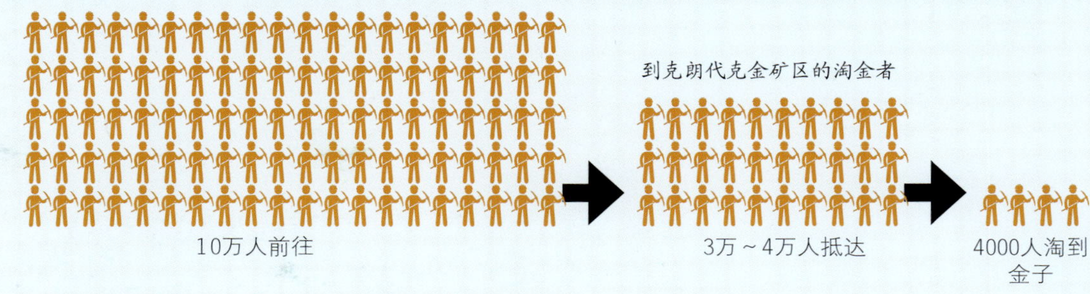

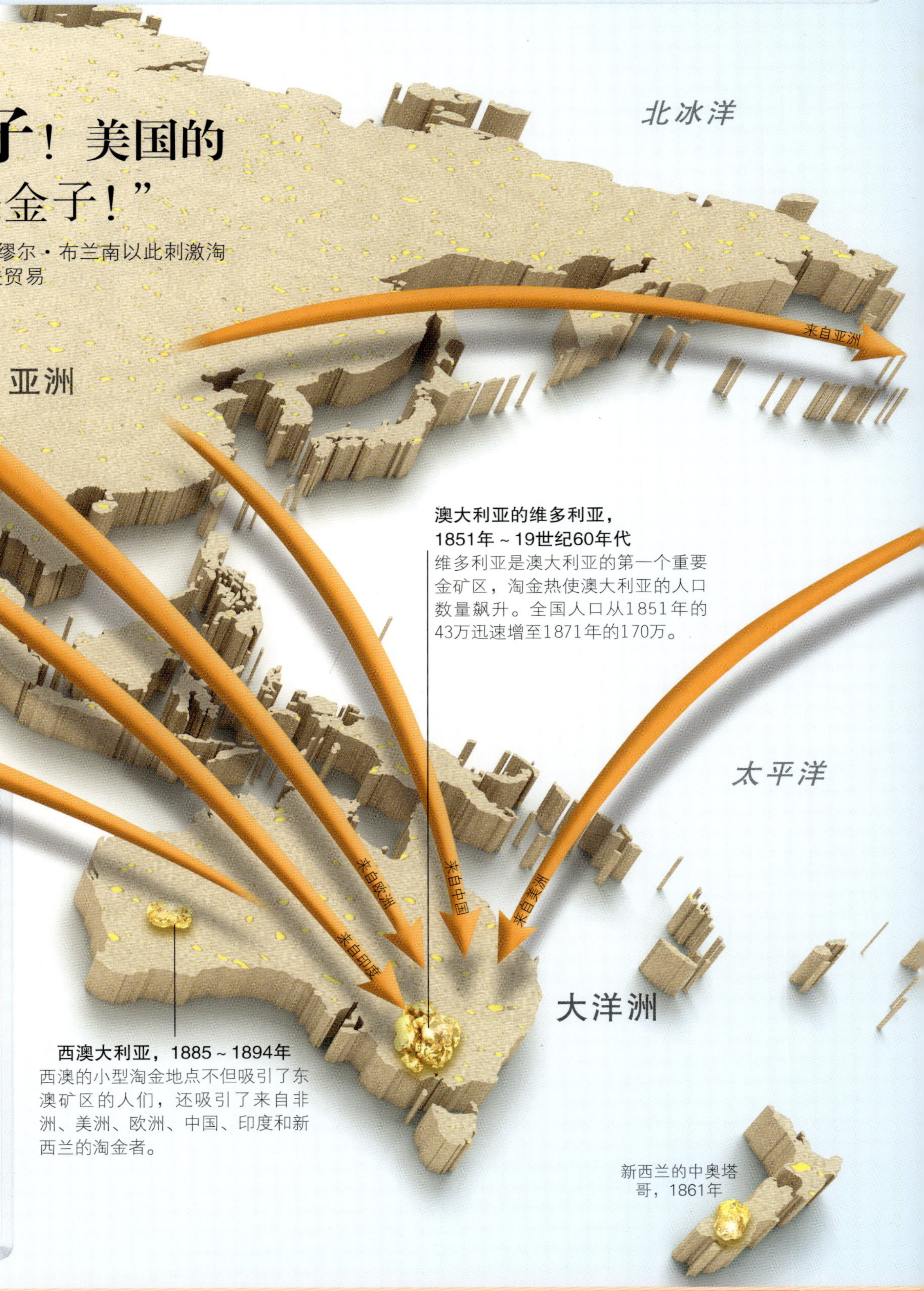

“金子！金子！美国的河里到处是金子！”
1848年，美国商人和企业家塞缪尔·布兰南以此刺激淘金热来促进贸易
北冰洋
亚洲
来自亚洲
印度洋
太平洋
大洋洲
来自欧洲
来自中国
来自美洲
来自印度
澳大利亚的维多利亚，1851年～19世纪60年代
维多利亚是澳大利亚的第一个重要金矿区，淘金热使澳大利亚的人口数量飙升。全国人口从1851年的43万迅速增至1871年的170万。
西澳大利亚，1885～1894年
西澳的小型淘金地点不但吸引了东澳矿区的人们，还吸引了来自非洲、美洲、欧洲、中国、印度和新西兰的淘金者。
新西兰的中奥塔哥，1861年

从新兴城镇到鬼城

伴随着淘金热的发展，一些淘金者的定居点迅速变成新兴城镇。然而，当淘金热结束时，有些城镇能够继续繁荣发展，有些则遭废弃。许多废弃的鬼城至今仍然存在，成为那个追逐财富时代的凄凉见证。

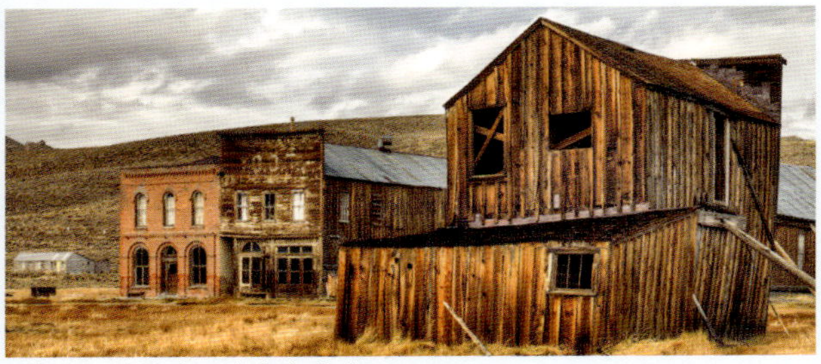

美国加利福尼亚的鬼城波迪

热中，淘金者们共开采黄金1730吨。

“我希望我能拥有南方的**每一个奴隶**，这样我就能够**解放他们所有人**，从而**避免**这场**战争**。”

1861年，南部同盟北弗吉尼亚军团将领罗伯特·李这样说

图例

这幅地图展示了联邦和同盟各州，以及各场战役双方的胜负情况。

- 同盟各州（南方各州）
- 联邦各州（北方各州）
- 边境各州（隶属于联邦，但允许奴隶制存在）
- 印第安人区
- 战役——同盟军获胜
- 战役——联邦军获胜
- 战役——无胜负
- 被联邦军封锁
- “向海洋进军”的路线

军队

北方联邦军与南部同盟军相比具有更大的优势。联邦军吃得饱穿得好，而许多同盟军则必须自己准备军服。许多受伤或染病的士兵在几个月内便会死去。

联邦军的将领和旗帜　同盟军的将领和旗帜

明尼苏达
威斯康星
密歇根
芝加哥
艾奥瓦
印第安纳
伊利诺伊
堪萨斯
密苏里
肯塔基
阿肯色
田纳西
亚拉巴马
亚特兰
密西西比
密西西比河
得克萨斯
路易斯安那
墨西哥湾

北方工业经济

北方的城市，如芝加哥，有许多工厂和工业。城市中几乎全是工人，其中许多都是刚从欧洲移民来的。

维克斯堡

1863年7月，联邦军占领了密西西比河上的维克斯堡港。密西西比河对南部同盟十分重要，因为他们需要通过这条河运输补给和军队。

南部同盟军骑兵

南方种植园

南方各州都依赖奴隶的劳动来经营棉花种植园，如亚拉巴马州和佛罗里达州。奴隶的工作和生活条件十分恶劣。

海上封锁

联邦军的铁壳战舰封锁了南部海岸，阻断了南方的贸易和供给。

除了大多数自愿入伍的士兵外，还有成

1861～1865年 美国内战

19世纪60年代，美国南方各州是依赖奴隶制的种植园经济，而北方的工业经济却不存在奴隶制。1860年，反对奴隶制的亚伯拉罕·林肯当选为美国总统。南方的11个州担心自己的生活方式会被改变，因此脱离联邦，建立了南部同盟。美国内战爆发，同盟军和联邦军打了数场血腥的战役。1865年，内战最终以联邦军的胜利而结束，美国各州重新统一，奴隶制被废除。

千上万强制征召的士兵参加战斗。

1853～1912年 日本开国

日本曾闭关锁国200多年，其间外国人被禁止踏足日本，而日本人也不能出国。日本只与某些特定的国家进行贸易。1854年，美国强迫日本幕府（武家政权）签订了一项不平等条约。这导致日本爆发内战，天皇取代幕府，重新掌握政权。在随后的明治时期，日本在工业和技术方面迅速赶上并超过了西方国家，变得强盛和独立。

1. 江户时代的藩国

长州藩是日本江户时代（1603～1868）众多藩国中的一个。江户时代的日本社会等级十分森严，幕府将军是最高统治者。幕府将军以下是大名，或称诸侯，统治藩国。大名手下有武士，负责保护领地。

2. 失去权力的孝明天皇

孝明天皇是江户时代居住在京都的最后一位天皇。他虽然身为天皇，但政权却掌握在江户幕府的手中。

5. 藩国联合

萨摩藩是南部三藩（萨摩藩、长州藩和土佐藩）之一。1867年，他们发现幕府的统治使日本日趋衰弱，于是组成倒幕派，推翻幕府。

6. 武士进军京都

萨摩藩、长州藩和土佐藩的武士进军京都。1868年1月，他们宣布年轻的新天皇（在其父孝明天皇去世后继位）重新执政。新天皇被称作明治天皇，这一时期的改革运动遂称作"明治维新"。

7. 鸟羽、伏见之战

倒幕派与幕府军队打过数场战役。倒幕派在鸟羽、伏见取得的决定性胜利预示幕府即将失去统治权。

图例

① 重要地点和事件

 倒幕派的藩国

 倒幕派的进攻路线

 重要战役

明治时期（1868～1912），日本建造的铁路超过了

9. 箱馆之战
幕府军队的最后一个据点位于箱馆（今北海道函馆）。在1869年投降之前，他们在此与倒幕派军队进行了长达六个月的战斗。

3. 幕府统治
江户时代，日本实际上由江户幕府的首领幕府将军统治。

北海道

箱馆（函馆）

仙台

长冈

会津

宇都宫

日本

江户（东京）

甲州胜沼

本州

都

“追赶、超越！”

明治时期的口号

4. 黑船驶入江户
1853年，美国海军准将马休·佩里率领四艘配备着先进枪炮的战舰（日本人称之为“黑船”）驶入江户湾。1854年，他迫使江户幕府签订了不平等的贸易条约，美国及其他外国列强因此受益。

8. 江户更名为东京
1868年，新天皇将江户更名为东京。东京成为日本的首都。

明治时期的工业

明治天皇掌权时年仅15岁。他并没有按某些武士阶级所希望的那样坚持日本的传统，而是进行了彻底的改革。整个阶级制度，包括武士阶级，都被废除。日本迅速成为一个工业化国家，并开始向西方国家出口工业产品。在包括英国在内的一些国家中，人们对日本产品（如丝织品、陶瓷制品和扇子）非常狂热。

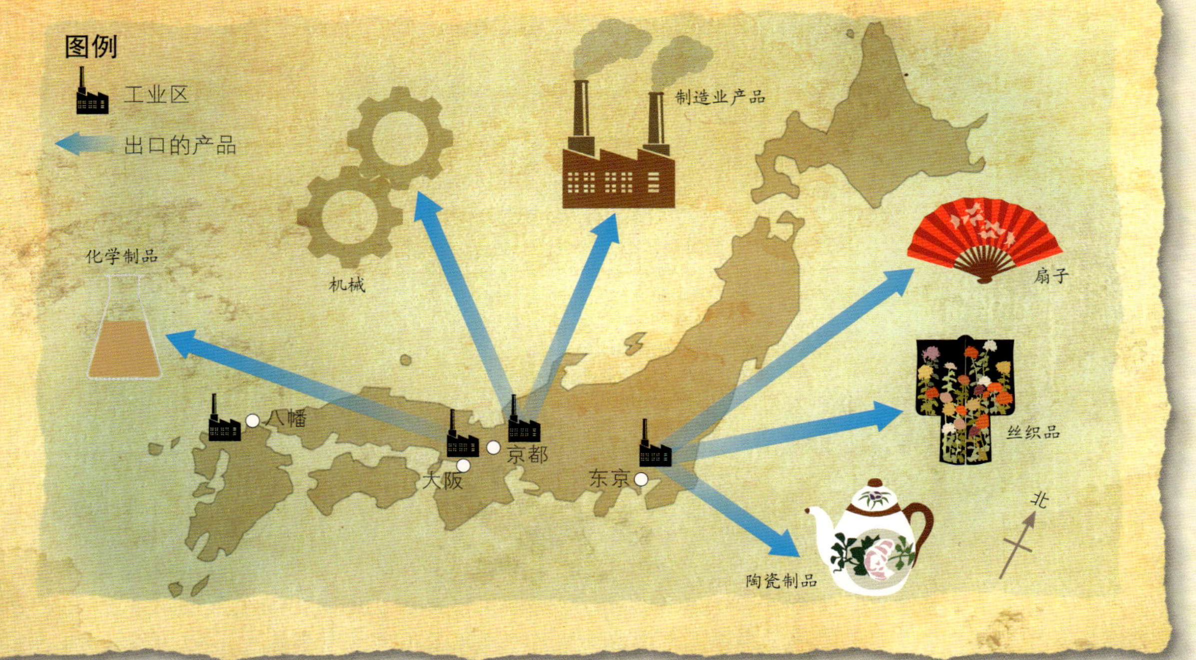

11000千米，制造的蒸汽轮船超过了1500艘。

“动力”1号，1825年

中央太平洋铁路第60号，即“朱庇特”号，1868年

加拿大太平洋铁路，1885年
这条铁路连通加拿大东西各省，对于增强加拿大的实力、对抗强大的邻国美国大有裨益。

第一条横贯北美洲大陆的铁路，1869年
当始自加利福尼亚的中央太平洋铁路和始自艾奥瓦的联合太平洋铁路接通时，这条横贯北美洲大陆的铁路最终建设完成。两端的施工人员仅用六年就完成了接轨工作。

斯托克顿–达灵顿铁路，1825年
这是世界上第一条运输煤炭和乘客的公共铁路。这条铁路上的第一台蒸汽机车是英国工程师乔治·斯蒂芬森设计的“动力”1号。

东方快车，1883年
这列奢华的客运列车运行于欧洲和东方之间。它的第一条路线是从巴黎到伊斯坦布尔。

非洲的铁路，1854～1900年
欧洲殖民势力将铁路引入非洲。通常，铁路线都是从海岸向内陆延伸，但是它们却未能连成铁路网。

卡亚俄–利马–拉奥罗亚铁路，1870～1908年
这条穿越秘鲁境内安第斯山脉的铁路连接着太平洋沿岸的港口和秘鲁内陆。在中国的青藏铁路建成之前，它是世界上海拔最高的铁路线。

铁路如何改变世界

除了具有便捷的运输功能外，铁路还促进了许多地区的工作和生活的发展。

铁路时间
在铁路出现以前，各城镇的时间略有差异。采用标准的铁路时间（各地时间相同）可以使各次列车运行顺畅。

农业
新鲜的农产品可以通过铁路长距离运输。这不仅帮助了农民，也改善了人们的饮食。

工业和就业
铁路的兴起不仅创造了就业机会，还促进了工业发展。这是因为建造铁轨需要各种原材料，蒸汽机车的运行需要大量的煤炭。

邮政服务
列车上增加了邮政车厢，信件的递送时间由几个月缩短到了几天。

贸易
铁路的货运速度比公路和水路运输快许多。货物能够更快地抵达出口港，国际贸易的效率也得到了提升。

军事
战争爆发时，铁路能够更加迅速地运输兵力和装备，因此铁路成了军事胜利的关键因素。

“通过**建造联合太平洋铁路**，你会成为这一代人中被人们**铭记的人物**。”

1865年，美国总统亚伯拉罕·林肯对实业家奥克斯·艾姆斯这样说

秘鲁的卡亚俄–利马–拉奥罗亚铁路横

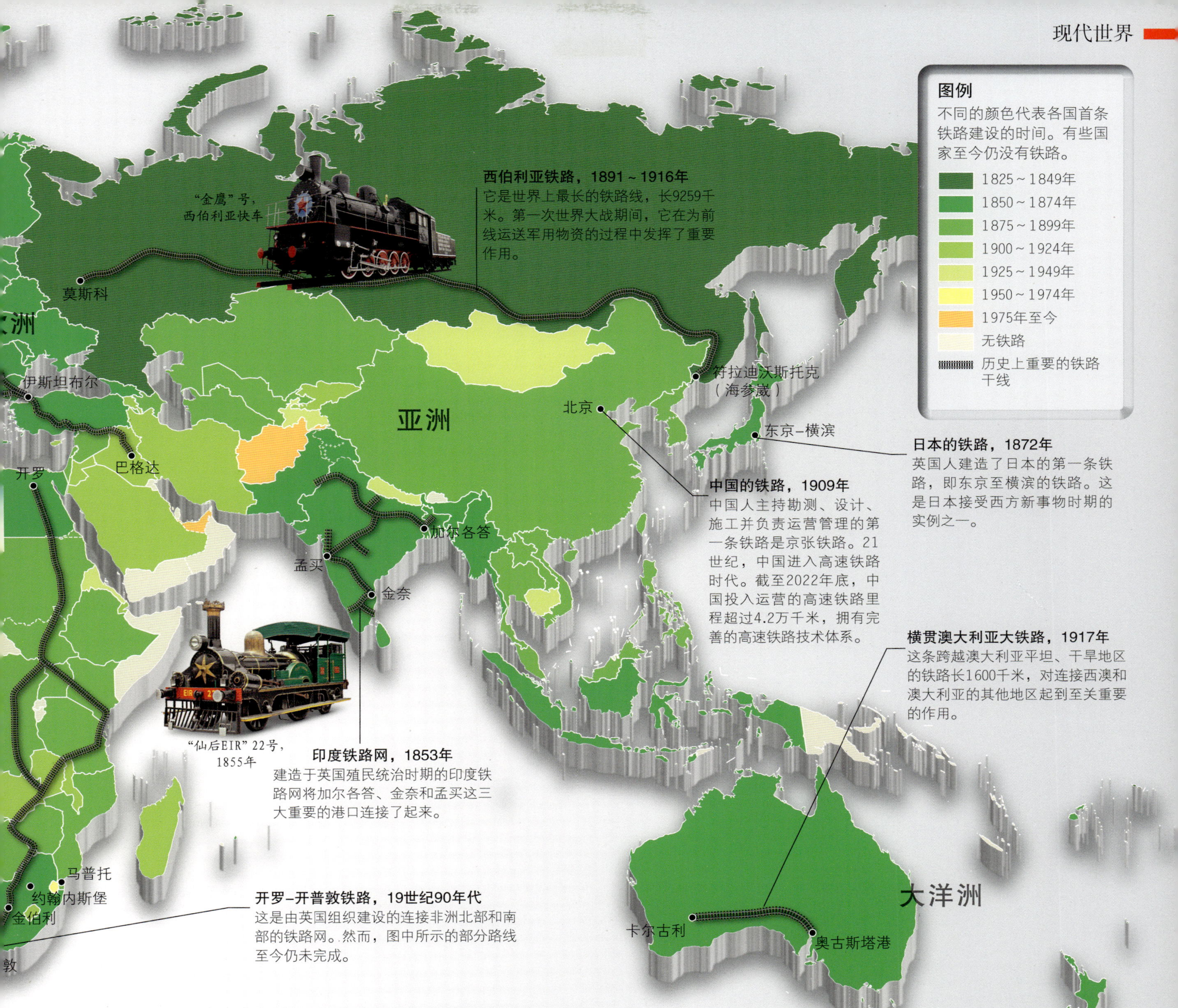

图例
不同的颜色代表各国首条铁路建设的时间。有些国家至今仍没有铁路。

- 1825～1849年
- 1850～1874年
- 1875～1899年
- 1900～1924年
- 1925～1949年
- 1950～1974年
- 1975年至今
- 无铁路
- 历史上重要的铁路干线

“金鹰”号，
西伯利亚快车

西伯利亚铁路，1891～1916年
它是世界上最长的铁路线，长9259千米。第一次世界大战期间，它在为前线运送军用物资的过程中发挥了重要作用。

莫斯科
伊斯坦布尔
巴格达
开罗
亚洲
北京
符拉迪沃斯托克（海参崴）
东京–横滨
加尔各答
孟买
金奈

日本的铁路，1872年
英国人建造了日本的第一条铁路，即东京至横滨的铁路。这是日本接受西方新事物时期的实例之一。

中国的铁路，1909年
中国人主持勘测、设计、施工并负责运营管理的第一条铁路是京张铁路。21世纪，中国进入高速铁路时代。截至2022年底，中国投入运营的高速铁路里程超过4.2万千米，拥有完善的高速铁路技术体系。

横贯澳大利亚大铁路，1917年
这条跨越澳大利亚平坦、干旱地区的铁路长1600千米，对连接西澳和澳大利亚的其他地区起到至关重要的作用。

“仙后EIR”22号，
1855年

印度铁路网，1853年
建造于英国殖民统治时期的印度铁路网将加尔各答、金奈和孟买这三大重要的港口连接了起来。

马普托
约翰内斯堡
金伯利

开罗–开普敦铁路，19世纪90年代
这是由英国组织建设的连接非洲北部和南部的铁路网。然而，图中所示的部分路线至今仍未完成。

卡尔古利
奥古斯塔港
大洋洲

1825～1917年 蒸汽时代

1825年，英国第一条客运蒸汽机车铁路开通运营。这是交通方式的彻底变革。很快，人和货物就都可以通过铁路实现方便快捷的远距离运输了，甚至还可以从一个国家到另一个国家。铁路迅速遍及欧洲和北美洲，随后又被推广至全世界。它不仅连接了城市、提供了就业机会，还促进了贸易。仅仅数年，铁路就成了世界上最重要的交通方式。

穿安第斯山脉，海拔高达4818米。

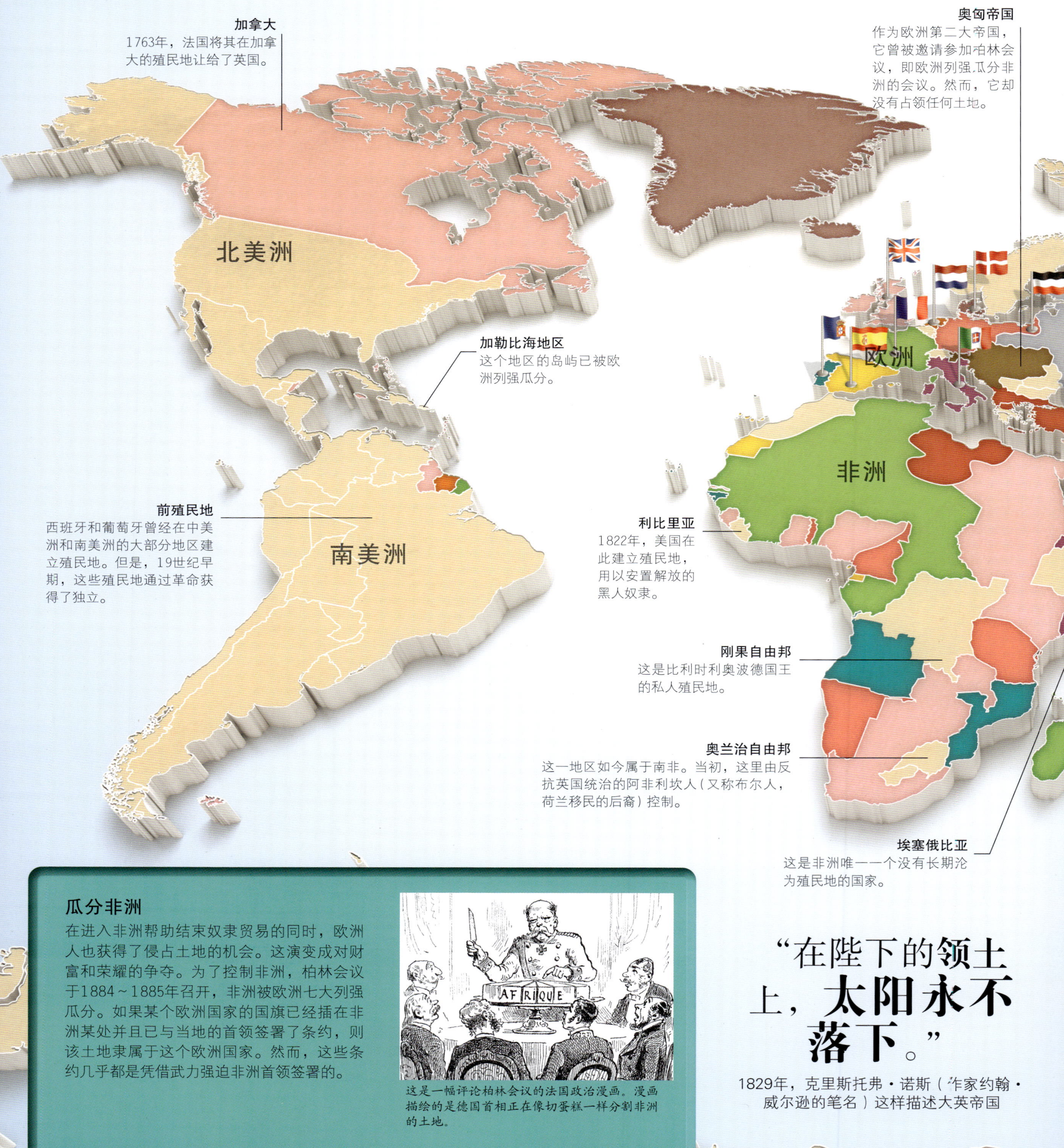

瓜分非洲

在进入非洲帮助结束奴隶贸易的同时，欧洲人也获得了侵占土地的机会。这演变成对财富和荣耀的争夺。为了控制非洲，柏林会议于1884～1885年召开，非洲被欧洲七大列强瓜分。如果某个欧洲国家的国旗已经插在非洲某处并且已与当地的首领签署了条约，则该土地隶属于这个欧洲国家。然而，这些条约几乎都是凭借武力强迫非洲首领签署的。

这是一幅评论柏林会议的法国政治漫画。漫画描绘的是德国首相正在像切蛋糕一样分割非洲的土地。

“在陛下的领土上，**太阳永不落下**。”

1829年，克里斯托弗·诺斯（作家约翰·威尔逊的笔名）这样描述大英帝国

1902年，欧洲人已经控制了非洲90%的土地，不过，

1900年 欧洲列强

到1900年时，欧洲列强已经拥有了横跨世界的帝国（其他地区也存在一些帝国，如中国、日本和美国）。欧洲列强通过建立殖民地，获得了重要的地位和巨大的财富。此时，列强之间最激烈的竞争是对非洲控制权的争夺。

埃塞俄比亚全境及摩洛哥和南非的部分地区仍保持独立。

虽然食品罐头发明于1810年，但在1870年

摆钟，1657年
荷兰人克里斯蒂安・惠更斯制作了第一台摆钟。它大大提高了计时的精准度。

“要想**发明创造**，你既需要拥有丰富的**想象力**，又需要经历**无数次的失败**。”

托马斯・爱迪生（1847～1931），美国发明家

电力机车，1879年
维尔纳・冯・西门子在德国柏林展出了第一辆电力机车。它可以运载20～25人，最大速度可达6千米/时。

汽车，1886年
德国工程师卡尔・本茨展示了第一辆汽车——奔驰一号。这是一辆由小型发动机驱动的三轮汽车。

亚洲

工业革命
18世纪末至1850年，英国逐渐成为世界上第一大工业强国。与其他国家相比，英国在商业和技术方面拥有巨大的领先优势。这一成就得益于英国的许多发明创造，如蒸汽机、工厂、珍妮纺纱机、食品罐头、地铁等。人们将这一变革称作工业革命。

这幅彩色版画展示了18世纪末期一家英国工厂内部的情景。

1453～1900年 现代发明

现代（1453～1900）是欧洲和北美洲大发展的时期。英国的工业革命见证了各种机械的出现和工厂的诞生。交通、科学、医学等领域也取得了巨大的进步，许多发明最终改变了全世界人的生活。

开罐器发明之前，人们一直用刀开罐头。

Canada
2-3

20世纪与21世纪

飞向太空

20世纪，人类的首次太空探索揭开了地球历史的新篇章。左图为2011年美国国家航空航天局的宇航员（图中人物是格雷格·查米托夫，他头盔上反射出的是迈克·芬克）进入太空，维修国际空间站的情景。

“莱特飞行者”号
奥维尔·莱特和威尔伯·莱特兄弟发明了动力飞机。飞机的木框架上覆盖着棉布。

1900年

横跨大西洋的无线电报（1901）
无线电报发明人古列尔莫·马可尼首次将无线电信号从英格兰发送到加拿大。

“莱特飞行者”号（1903）
首次可操控的动力飞行发生在美国北卡罗来纳州的基蒂霍克。*见130～131页*

南极点（1911）
挪威探险家罗阿尔·阿蒙森成为世界上第一个到达南极点的人。*见124～125页*

泰坦尼克号海难（1912）
豪华游轮泰坦尼克号因撞上冰山而沉没，1500多名乘客和船员遇难。

第二次世界大战（1937～1945）
德国入侵波兰后，英国和法国对德宣战，第二次世界大战全面爆发。*见136～141页*

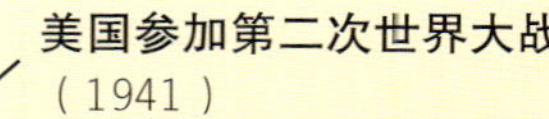

苏联伊尔-2反坦克攻击机

美国参加第二次世界大战（1941）
日本袭击美国海军基地珍珠港后，美国参战。*见136～137页*

德国入侵苏联（1941）
德国在东方战线上发动了最大规模的进攻。这改变了战争的进程。*见138～139页*

诺曼底登陆（1944）
英国、美国和加拿大军队登陆法国海滩，进入被德国控制的地区。*见140～141页*

战争结束（1945）
欧洲战场，德国于5月宣布投降。亚洲和太平洋战场，日本于8月宣布投降。第二次世界大战结束。

朝鲜与韩国（1945）
朝鲜被分成由苏联控制的朝鲜和由美国控制的韩国。

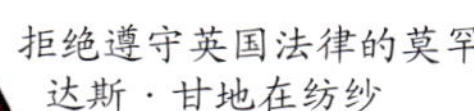

拒绝遵守英国法律的莫罕达斯·甘地在纺纱

印度独立（1947）
莫罕达斯·甘地促成了英国对印度殖民统治的终结。印度分裂成以印度教徒为主的印度和以穆斯林为主的巴基斯坦。*见142～143页*

超声速飞行（1947）
贝尔X-1火箭试验研究机是第一架实现超声速飞行的载人飞机。*见130～131页*

种族隔离（1948～1994）
南非的种族隔离制度严重损害了黑人的权利。它于1994年被废止。

以色列（1948）
1947年，联合国大会通过巴勒斯坦分治决议。次年，以色列在巴勒斯坦地区建国。

珠穆朗玛峰（1953）
埃德蒙·希拉里与夏尔巴人丹增·诺尔盖征服了世界上最高的山峰。

美国民权运动（1955～1968）
马丁·路德·金召集非裔美国人共同反抗种族隔离。

人造地球卫星（1957）
苏联发射了世界上第一颗人造地球卫星“人造地球卫星”1号。*见146～147页*

原住民权利（1967）
澳大利亚政府承认原住民的公民权利。

登月（1969）
美国宇航员尼尔·阿姆斯特朗成为第一个踏上月球的人类。*见148～149页*

阿帕网（1969）
计算机首次被接入一个网络中。美国加利福尼亚州的这一网络叫作阿帕网，它是互联网的前身。*见150～151页*

电子邮件（1971）
计算机程序员雷·汤姆林森发出了第一封电子邮件。*见150～151页*

冷战结束（1991）
美国和苏联之间的对立状态在苏联解体后结束。*见144～145页*

万维网（1991）
英国科学家蒂姆·伯纳斯-李在互联网上创建了一个网页互相关联的系统，称作万维网。*见150～151页*

中国力量（2013）
中国超越美国，成为世界上最大的货物贸易国。*见152～153页*

2008年，约10亿人通过电视观看了北京奥运会的开幕

生产线（1913）
福特汽车公司建成了大规模流水作业生产线，使制造汽车的速度更快，成本更低。

第一次世界大战（1914～1918）
奥匈帝国皇储斐迪南大公在萨拉热窝遇刺后，奥匈帝国向塞尔维亚宣战。*见126～127页*

冲上云霄（1915）
第一次世界大战时，空战首次出现。飞艇向地面投掷炸弹，飞机在空中激战。*见126～127页*

坦克战（1916）
第一次世界大战时，坦克首次亮相于英国军队中。*见126～127页*

美国参加第一次世界大战（1917）
美国因德国袭击其船只而加入了第一次世界大战。*见126～127页*

俄国革命（1917～1922）
布尔什维克取得了俄国的政权，建立了世界上第一个社会主义国家。*见128～129页*

网络连接
地球上的白线代表城市之间的互联网连接。

第一次世界大战时，英国的惠比特坦克

战争结束（1918）
停战协定的达成标志着第一次世界大战的结束。正式和约于1919年签署。*见126～127页*

阿姆利则惨案（1919）
在印度的阿姆利则，英国军队向抗议者开火，造成数百人死亡。*见142～143页*

经济大萧条（1929 ～1939）
公司市值下跌和失业率飙升引发了全球性的经济危机。*见132～133页*

中国的工农红军长征（1934～1936）
为摆脱国民党军队的"围剿"，中国工农红军进行了长达两年的长征。*见134～135页*

阿梅莉亚·埃尔哈特（1937）
航空先驱阿梅莉亚·埃尔哈特在环球飞行途中消失在了太平洋上。*见130～131页*

探月（1959）
苏联发射的"月球"2号成为首个登陆月球的航天器。*见148～149页*

美国国家航空航天局的航天飞机

越南战争（1961～1975）
1975年，在美国撤军之后两年，越南统一。*见144～145页*

古巴导弹危机（1962）
美国要求苏联撤回部署在古巴的导弹。战争一触即发，但最终危机解除。*见144～145页*

柏林墙（1961～1989）
民主德国政府为阻止居民外流而建起了这堵墙。

1900年之后

从无线电报和电视，到太空探索和计算机，20世纪见证了各种技术的快速发展。技术不仅对战争产生十分重要的影响，而且让世界变小了：由于交通的进步，人类探索了地球上的所有大陆；远程通信连通了世界上的每一个角落。

式。这是迄今为止世界上收视率最高的电视节目。

1911～1912年 南极点之争

20世纪早期，南极点成为人类探险事业的最后一项巨大挑战。英国探险家罗伯特·福尔肯·斯科特决定对其发起冲击。然而，当斯科特与他的团队在1910年向南极点进发时，挪威人罗阿尔·阿蒙森也开始了前往南极点的探险。于是，一场扣人心弦、震惊世界的竞赛随之展开。

南极洲

南极洲是地球上最寒冷的地方，最低气温可达零下89.2摄氏度。它还是地球上最偏远、风最大、海拔最高和人类了解最少的大陆。

想要到达南极点，探险家们必须穿过覆盖在这片大陆上的厚厚的冰盖。

罗阿尔·阿蒙森

挪威人罗阿尔·阿蒙森是著名的探险家，1903～1906年，他发现了西北航道（从大西洋经北冰洋到太平洋的海上航道）。由于更适应南极洲的环境，阿蒙森和他的团队到达南极点并返回仅用了99天。

罗伯特·福尔肯·斯科特

罗伯特·福尔肯·斯科特既是一名海军军官，也是1901～1904年南极洲探险队的一名资深探险家。1911年，他返回南极洲，目的是要到达南极点。遗憾的是，阿蒙森的团队先于斯科特抵达南极点，斯科特与他的团队在返回南极洲海岸的途中遇难。

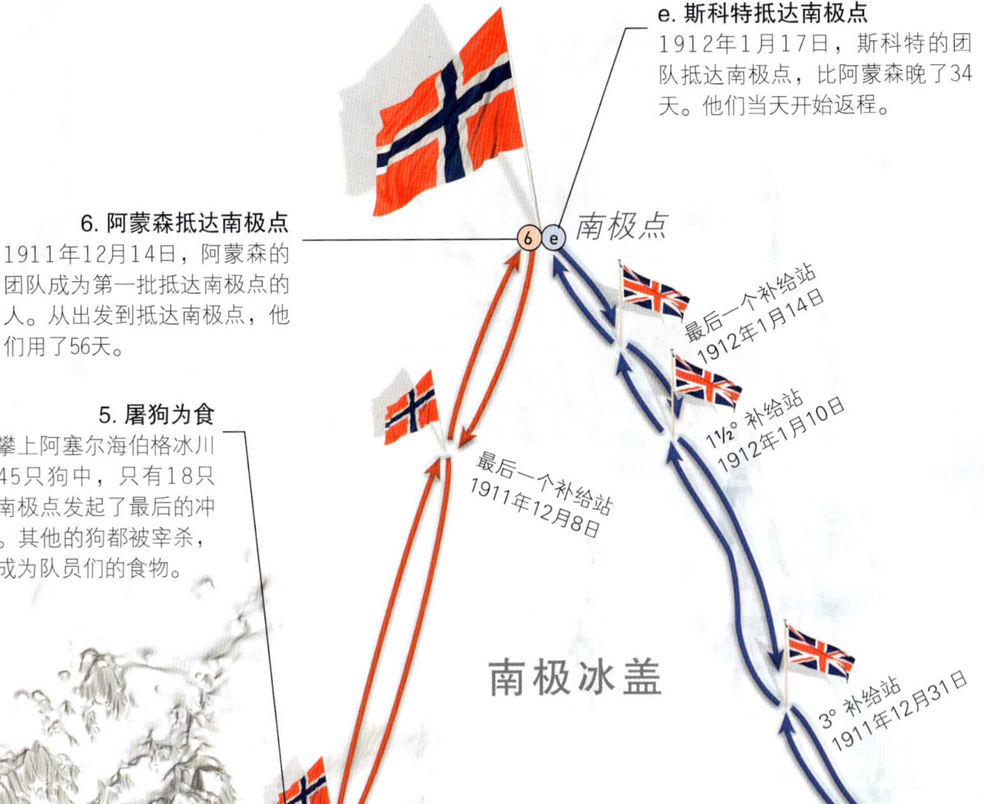

e. 斯科特抵达南极点

1912年1月17日，斯科特的团队抵达南极点，比阿蒙森晚了34天。他们当天开始返程。

6. 阿蒙森抵达南极点

1911年12月14日，阿蒙森的团队成为第一批抵达南极点的人。从出发到抵达南极点，他们用了56天。

5. 屠狗为食

在攀上阿塞尔海伯格冰川的45只狗中，只有18只向南极点发起了最后的冲刺。其他的狗都被宰杀，并成为队员们的食物。

4. 攀上冰川

阿蒙森的团队开始攀登通往南极冰盖的冰川（他们将这个冰川称作阿塞尔海伯格冰川）。在此之前，他们用28天穿过了罗斯冰架。

f. 第一个遇难者

1912年2月7日，斯科特团队的埃德加·埃文斯死亡。

阿蒙森没有出现任何差错，其补给站的食

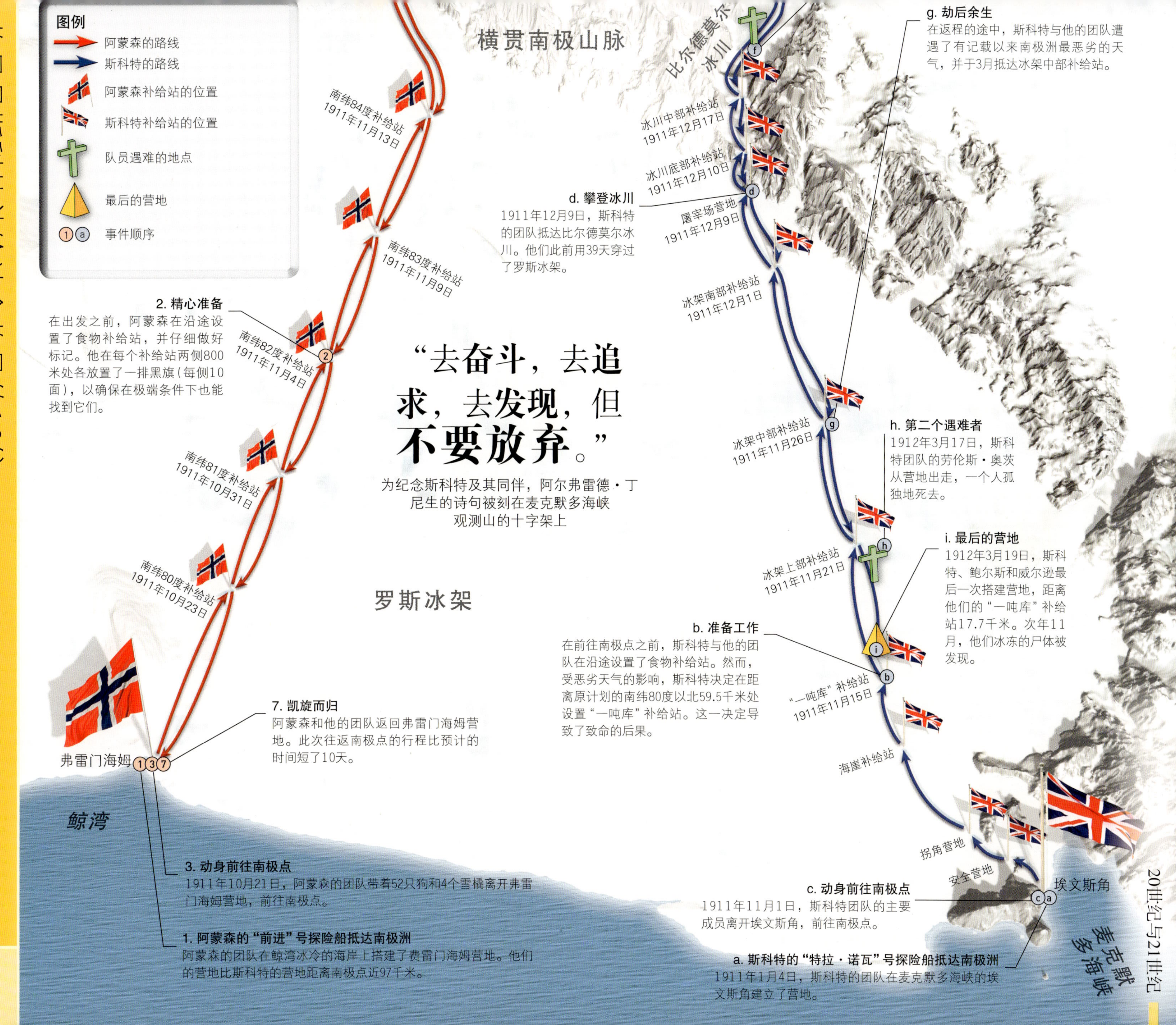

物量是斯科特补给站食物量的10倍。

第一次世界大战时，总计约有6000万士兵参战。

1914～1918年 第一次世界大战

1914年7月，奥匈帝国向塞尔维亚宣战。这引发了欧洲两大军事集团（国家同盟），即同盟国集团和协约国集团之间更广泛的战争。随着时间的推移，更多国家参战，其中包括美国。战争蔓延至全世界，但最主要的战场位于西欧。机枪、战斗机、坦克等新式武器的使用让这次战争成为历史上最血腥的战争之一。

其中有800万士兵阵亡，2200万士兵受重伤。

1917～1922年 俄国革命

由于参加第一次世界大战导致俄国国内矛盾激化，1917年3月（俄历二月），俄国爆发二月革命推翻了沙皇统治，但仍不足以解决问题，这导致了更多人的不满和抗议。1917年11月（俄历十月），布尔什维克党领导的十月革命爆发，建立了世界上第一个社会主义国家。

苏联曾是世界上面积最大的国家。在1991

苏联

1922年，苏维埃政权控制了俄罗斯帝国的大部分地区，建立了苏维埃社会主义共和国联盟，简称苏联。除俄罗斯外，苏联还包括乌克兰、白俄罗斯和外高加索。

苏联国旗上的锤子代表工人，与之相交叉的镰刀代表农民，五角星代表共产党。

图例

苏联

6. 布尔什维克控制彼得格勒

1917年11月7日，在列宁的领导下，布尔什维克控制了彼得格勒的邮政局、桥梁和火车站。

7. 攻占冬宫

11月7日当晚，全副武装的布尔什维克进攻冬宫，推翻了俄国临时政府。

8. 苏维埃政权

获得政权后，布尔什维克建立了苏维埃政权。世界上第一个无产阶级专政国家诞生。

9. 建立红军

1918年1月，苏维埃人民委员会通过关于建立工农红军的法令。苏俄劳动人民踊跃参加红军抗击德国入侵，2月23日，红军阻止了德军的进攻。这一天后来被定为红军的建军节。

阿尔汉格尔斯克

彼得罗扎沃茨克

哥罗德

诺夫哥罗德）

沃洛格达

科斯特罗马

特维尔

雅罗斯拉夫尔

莫斯科

伊凡诺沃

苏维埃社会主义共和国联盟

维亚特卡

（基洛夫）

下诺夫哥罗德

卡卢加

图拉

喀山

伊热夫斯克

坦波夫

奥廖尔

奔萨

科夫

萨马拉

乌法

叶卡捷琳堡

（斯维尔德洛夫斯克）

萨拉托夫

新切尔卡斯克

罗斯托夫

察里津（斯大林格勒/伏尔加格勒）

奥伦堡

11. 消灭白军和打退国外武装干涉

苏维埃政权建立后遭到国内外敌人的武装反对。在以列宁为首的布尔什维克党领导下，苏俄红军消灭了武装叛乱的白军，并于1922年10月击败了本国领土上最后一股反动派军队。

图例

俄罗斯帝国的边界线，1914年

第一次世界大战的东线战场，1917年

列宁归国的路线

布尔什维克控制的城镇，1918年
获得彼得格勒的政权后，布尔什维克开始夺取其他地区的控制权。

布尔什维克控制的区域，1919年
到1919年时，苏维埃政权控制的俄国中心地带。

苏联的边界线，1922年
到1922年时，虽然失去了芬兰、波兰、爱沙尼亚、拉脱维亚和立陶宛，但却成立了苏维埃社会主义共和国联盟。

① 重要事件

“如果我们**现在不夺取政权**，历史将**不会原谅我们**。”

1917年9月12日至14日，弗拉基米尔·列宁在写给彼得格勒和莫斯科的布尔什维克领导者的信中这样说

年解体之前，它一直由苏联共产党领导。

1903～2013年 飞行的故事

20世纪以前，飞行仅仅是少数喜爱乘坐热气球冒险之人的爱好。1903年，莱特兄弟制造出可操控的动力飞机。数年间，飞机不但成了人们付费乘坐的交通工具，还成为战争的武器。

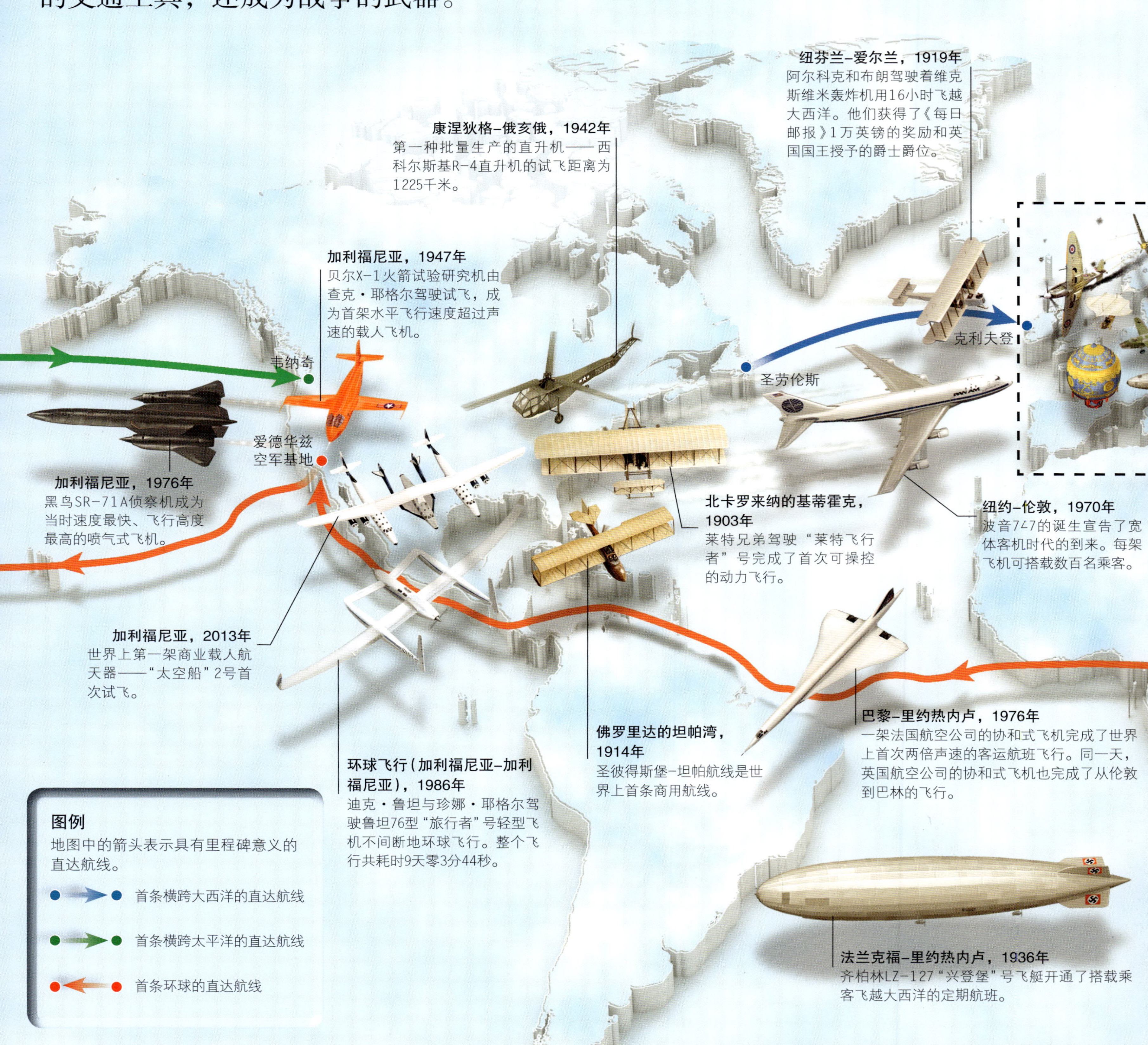

世界上第一家航空公司成立于1909年，使用飞艇在

英国东南部，1940年
不列颠之战是世界上首次以空战为主的战役。

英国的约克郡，1853年
乔治·凯利发明的载人滑翔机成功飞越了他家乡的山谷。

德国的利希特费尔德，1896年
奥托·李林塔尔驾驶自制的悬挂式滑翔机从假山上滑翔而下。

德国的罗斯托克，1939年
亨克尔He-178型试验机是世界上首架使用喷气发动机驱动的飞机。

巴黎，1783年
罗齐埃和达尔朗德是世界上最早的飞行员。他们驾驶的是蒙特哥费热气球。

日本–美国，1931年
克莱德·潘伯恩与休·赫恩登驾驶"维多尔小姐"号用41小时飞越了太平洋。

德国的博登湖，1900年
LZ-1号齐柏林飞艇的诞生标志着飞艇时代的开始。这是一种充氢气或氮气的硬式飞艇。

地中海，1942年
第一种正式生产的直升机——蜂鸟直升机，被德国应用到了第二次世界大战中。

淋代海滩

莫斯科，1932年
世界上首架单旋翼直升机TsAGI-1EA号成功起飞。

莫斯科–阿拉木图，1975年
图-144超声速客机投入使用，航班在莫斯科和阿拉木图之间运送邮件和货物。

环绕世界（瑞士–埃及），1999年
百年灵"卫星"3号热气球是首个在中途不着陆的情况下成功环绕地球飞行的热气球。

太平洋中的某个地方，1937年
女性航空先驱阿梅莉亚·埃尔哈特和她的领航员在环球飞行的途中消失在了太平洋上。

悉尼–新加坡，2007年
史上最重的大型客机——空中客车A380，完成首次载客飞行。

"任何运动**都比不上**驾驶**巨大的白翼**在空中飞翔。"

1905年，威尔伯·莱特这样说

加利福尼亚–澳大利亚，2001年
"全球鹰"号无人机飞越了太平洋。

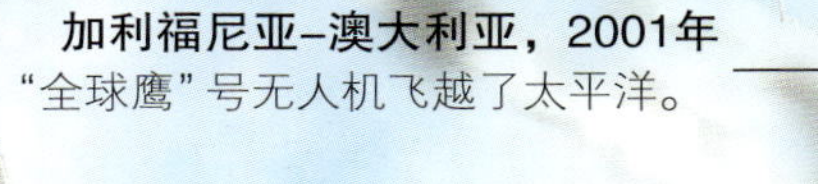

伦敦–约翰内斯堡，1952年
哈维兰"彗星"客机成为第一种载客飞行的大型喷气式客机。

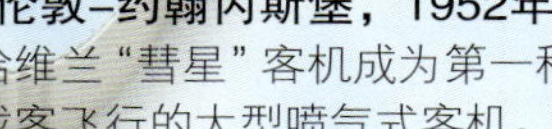

德国的法兰克福、杜塞尔多夫和巴登巴登之间飞行。

在大萧条之前，美国有25000家银行。

1929～1939年 大萧条

大萧条是有史以来最严重的经济危机。1929年，美国股市崩盘。全美国的银行破产、工厂倒闭、贸易崩溃，随后波及整个世界。大萧条导致了大规模的贫困、饥饿和失业，并持续了十多年。

到1933年时，约有11000家银行破产。

长征途中，红军同敌人进行了600多次战役战斗，

1934～1936年 中国的工农红军长征

20世纪30年代，国民党反动派统一调动全国的反革命军事力量对中国共产党及其领导的中国工农红军进行"围剿"。由于"左"倾教条主义在党内的错误领导，中央革命根据地第五次反"围剿"失败，红军不得不进行战略转移。中国共产党领导红军主力不畏艰难，斩关夺隘，长驱数万里，最终转战到陕北，胜利完成了长征，开创了中国革命新局面。

"红军不怕远征难。"

1935年，毛泽东《七律·长征》

湖北

汉水

长江

江西

中央苏区

湘江

湖南

珠江

2. 湘江战役

国民党当局在红军西进路上布置了四道封锁线。在突破第四道封锁线湘江时，红军与围追堵截的国民党军苦战五昼夜，最终渡过湘江。由长征出发到这时，中央红军由8.6万多人锐减至3万多人。

1. 突围

1934年10月，中共中央和中央红军主力部队共8.6万多人，踏上战略转移的征途，开始了著名的长征。

8.6万多人

长征之后

长征之后，中国共产党将陕北作为新的革命根据地，不断地发展壮大。中国共产党团结带领人民经过抗日战争和解放战争，取得了新民主主义革命的伟大胜利。1949年10月1日，中华人民共和国成立。

毛泽东

跨越近百条江河，攀越40多座高山险峰。

1937~1945年 第二次世界大战

1937年7月7日，日本在中国北平（今北京）制造七七事变，发动全面侵华战争，标志着第二次世界大战在东方爆发。1939年，德国元首阿道夫·希特勒发动了对波兰的入侵，英国和法国因此对德国宣战。第二次世界大战全面爆发。随着越来越多的国家参战，世界各国分成了以德国、意大利、日本为首的轴心国和以中国、苏联、美国、英国为首的同盟国。1945年战争结束时，已有数千万人罹难。他们有的死于战场，有的因家园被轰炸而丧生，还有的在大屠杀中被杀害。

战争期间，许多孩子被迫离开家园，成为因轰

图例

这幅地图展示的是1942年年中时世界的情况，此时轴心国的势力达到了顶峰。

- 轴心国
- 轴心国控制的地区
- 同盟国
- 同盟国控制的地区
- 中立国
- 重大战役或战斗
- 苏德战场

大屠杀

1937年12月13日侵华日军占领南京城后，在华中派遣军司令松井石根和第6师师长谷寿夫等人的指挥下，无视武装冲突法公约和惯例，在南京进行了持续长达6周惨绝人寰的大规模屠杀。日军采用各种卑鄙、残暴手段杀害战俘和手无寸铁的平民30万人以上，并大肆奸污中国妇女，受害者达2万多人。这就是震惊中外的南京大屠杀。在欧洲，阿道夫·希特勒让纳粹支持者们认为，其他民族，如犹太人，是劣等民族。在纳粹占领的国家，犹太人被集中到固定的城区，这些地方被称为“隔都”。1942年，希特勒启动最终解决方案——屠杀所有犹太人。纳粹建立了许多集中营，约1100万犹太人、吉普赛人、残疾人及其他群体的成员都死于这场恐怖行动。这就是现在所说的犹太人大屠杀。

南京大屠杀时，日军将中国战俘当作活靶进行刺杀训练。

北美洲

南美洲

大洋洲

中国抗日战争的开始
1931年9月18日，盘踞在中国东北的日本关东军突然袭击了驻守沈阳的中国军队，并迅速占领东三省。中国的抗日战争由此开始。

中途岛海战
1942年，盟军在中途岛海战中取胜，结束了日本的扩张进程。

广岛和长崎
1945年8月，美国的轰炸机向日本的这两座城市各投放了一颗原子弹。一周后，日本投降。

珍珠港
1941年，日本对美军在夏威夷的军事基地珍珠港进行突袭，促使美国参战。

太平洋战争
从1941年开始，盟军努力阻止日本在太平洋上的扩张。战争在海上及太平洋诸多岛屿上展开。欧洲的战争结束后，太平洋战争又持续了三个多月。

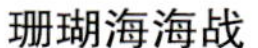

珊瑚海海战
发生在1942年的这场海战不仅是舰船之间的战斗，还是首次使用舰载机进行的海战。

巴西参战
南美洲的大部分地区都保持中立，只有巴西因为本国的船只被击沉而于1942年宣布对轴心国作战。

“天呐，我们都**干了些什么**啊？”

1945年，向广岛投放原子弹的“艾诺拉·盖”号轰炸机的副驾驶员罗伯特·刘易斯这样说

同盟国的领导人

温斯顿·丘吉尔
英国首相

约瑟夫·斯大林
苏联领导人

富兰克林·德拉诺·罗斯福
美国总统

轴心国的领导人

贝尼托·墨索里尼
意大利首相和国家法西斯党党魁

裕仁
日本天皇

阿道夫·希特勒
德国元首（独裁者）和纳粹党党魁

炸而被疏散的人员或逃离敌占区的难民。

欧洲的战争结束

战争结束后，1945年5月8日成为欧洲胜利纪念日。轴心国军队在苏德战场的溃败最终导致希特勒自杀，德国投降。

“撤退时间已经结束，任何人都不准后退！”

1942年7月28日，苏联领导人约瑟夫·斯大林发给苏联武装力量的第227号命令中的一句话

列宁格勒会战，1941～1944年

从1941年7月10日开始，德军对这座苏联城市进行了三年多的围攻。数万人死于饥饿。

基辅战役，1941年

1941年7月至9月，德军在基辅围困并歼灭了4个苏联红军集团军。苏军损失了约70万兵力。

柏林地堡，1945年

战争期间，德国元首希特勒并没有长时间待在德国首都柏林。不过从1945年1月起，他将这里的一座地堡作为指挥部。

1941～1945年 苏德战场

1941年，希特勒制订了“巴巴罗萨”计划，对苏联发动突然袭击。1941年6月至12月，德军及其盟友将战线不断地向东推进。随着苏联的反攻，战线又被推回西方。这里是十分惨烈的战场，作战双方有成千上万人丧生。1943年，德军在斯大林格勒的战败成了第二次世界大战走向尾声的开始。1945年，德军最终撤退到了柏林。

约400万轴心国军队和3500辆坦克分布在2900千米长

莫斯科会战，1941～1942年
1941年9月30日，德军发起了围攻莫斯科的战役。然而，德军的进攻受到了恶劣天气的影响。在苏军的反击下，德军逐渐后撤，莫斯科解围。

库尔斯克会战，1943年
1943年7月至8月，第二次世界大战规模最大的坦克战在此地爆发。结果是，德军遭遇了继斯大林格勒会战之后的又一次失败。

哈尔科夫战役，1941～1943年
从1941年10月被德军占领至1943年8月被苏联红军解放，这座城市经历了四次战役。

斯大林格勒会战，1942～1943年
1942年7月至10月，为了攻占斯大林格勒，德军对这座城市发起了数次进攻。11月，城外增援的苏军发起了猛攻，城中的33万德军被围困。1943年2月初，德军投降。

塞瓦斯托波尔战役，1941～1942年
从1942年6月2日开始，德军每天对这座城市发动大规模空袭。7月4日，苏军从这里撤离。

图例
这幅地图展示了在德军进攻和苏军反击的拉锯战中，战线的变化情况。以下图例按先后顺序说明了作战双方推进战线的情况。

主要战役　● 重要城镇

1941年6月至12月德军的进攻
战线向东推移。

1941年12月至1942年5月苏军的反击
北部战线被推回西方。

1942年德军的进攻
南部战线进一步向东推移。

德国/轴心国的边界线，1941年5月

东方战线，1941年12月

东方战线，1942年11月

苏联伊尔-2反坦克攻击机
苏联T-34坦克
苏联La-5战斗机
莫斯科
苏联
斯摩棱斯克
德国三号坦克
库尔斯克
德国Ju-87俯冲轰炸机
哈尔科夫
1941年12月
斯大林格勒（伏尔加格勒）
罗斯托夫
德国Ju-88轰炸机
1942年11月
德国四号坦克
塞瓦斯托波尔

的战线上——这是有史以来最长的战线。

1944年 诺曼底登陆

1944年6月6日凌晨，600艘战舰、4000艘登陆艇和15.6万盟军对法国诺曼底海岸发动突袭。此次攻击的代号为“D日”，是“霸王”计划的开始。“霸王”计划是将欧洲大陆从德国占领下解放出来的计划。登陆过程中，盟军遭受了巨大的损失。一些登陆艇被击沉，士兵溺亡。其他士兵则一直处于德军炮火的笼罩之下。然而，当天晚上，盟军成功攻占了五个海滩，迈向了通往胜利的道路。

“这一**作战行动**预计会**成功**，它也确实在**向成功迈进**。”

1944年，同盟国欧洲远征军最高司令德怀特·艾森豪威尔将军这样说

美军在代号为“犹他”和“奥马哈”的海滩登陆，加军在

登陆艇

盟军在诺曼底登陆战役中使用了不同类型的登陆艇。希金斯登陆艇、步兵登陆艇（右图）和突击登陆艇都是初级的平底艇，负责将士兵运至岸边。绰号“鸭子”的两栖装甲车，就像带轮子的船，可以像卡车一样在陆地上行驶。甚至坦克都装上了防水的帆布“裙子”，用来浮渡，不过很多坦克都在“奥马哈”海滩的巨浪中沉没了。

1914～1947年

甘地与印度独立

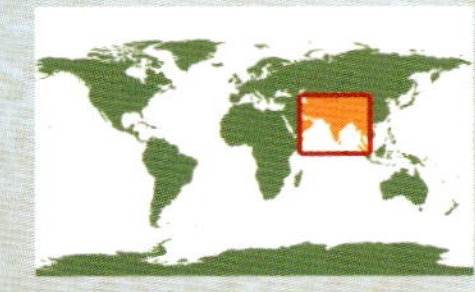

1947年，经过数十年的斗争，印度终于脱离了英国的殖民统治，赢得独立。从1914年起，莫罕达斯·甘地便开始为印度独立而战，倡导以和平的方式帮助印度独立，即著名的非暴力不合作运动。甘地为印度独立所做的贡献使他获得了“圣雄”（意为“伟大的灵魂人物”）的称号。

波斯

5. 食盐进军

1930年，英国开始强迫印度人购买英国的高价盐。甘地为了表示抗议，经过24天的长途跋涉，到达印度的盐产地丹地。他抓起一把盐，对抗英国法律。

丹地

7. “退出印度”运动

1942年，甘地在孟买发表了一次慷慨激昂的演讲，要求英国立即退出印度。甘地再度入狱。更多的抗议游行因此爆发。然而，直到1944年，甘地才被释放。

孟买

浦那

6. 用纺纱对抗英国

1932年，甘地被关在浦那市叶拉瓦达监狱时，通过自己纺纱做衣服来激励印度人民自给自足，从而抵制英国的布匹。纺车成了印度独立运动的象征。

锡兰

印巴分治，1947年

甘地希望印度成为一个独立的不同宗教和平相处的统一国家，而穆斯林则希望建立自己的国家。穆斯林和印度教徒之间爆发战争后，英国将印度分成了两个自治领。人口中穆斯林占大多数的地区为巴基斯坦，依据地理位置不同又分为东巴基斯坦和西巴基斯坦。人口中印度教徒占大多数的地区为印度。

图例

英国殖民统治的地区

非暴力不合作运动的主要地点

食盐进军的路线

重要地点和事件

1943年，作为政治犯被关押的甘地进行了为

期21天的绝食，以此抗议英国的统治。

1947～1991年 冷战

第二次世界大战后，美国和苏联（苏维埃社会主义共和国联盟）成为世界上的两个超级大国——具有国际影响力的发达国家。由于对世界的发展怀有完全不同的观点，它们成了死对头。两个国家都拥有足以毁灭地球的核武器，并以此来震慑对方。然而，当意识到使用核武器将导致的灾难性后果时，美国和苏联就开始以间接的方式代替直接斗争，即在其他国家发生冲突时，选择偏向其中的一方。这种状态被称为冷战。

远程预警线
美国建造了一排预警雷达，可以监测到10000千米范围内的苏联轰炸机。

加拿大

美国

洲际弹道导弹
这种导弹可以用于发射核武器，能够摧毁数千千米外的城市。

古巴导弹危机
1962年，美国和苏联对苏联在古巴部署核武器的计划展开争论，并相互威胁。

危地马拉
1954年

古巴
1961年，
1962年

多米尼加
1965～1966年

萨尔瓦多
1979～1992年

尼加拉瓜
1981～1990年

格林纳达
1983年

图例
这幅地图展示了1985年时美国和苏联各自拥有的各种军事装备的数量。

美国	苏联	每一个图标代表的军事装备数量
		50个洲际弹道导弹弹头
		10艘战舰（包括战列舰、巡洋舰、驱逐舰、护卫舰和航空母舰）
		20艘潜艇
		500架战斗机
		1000辆主战坦克

北大西洋公约组织阵营
美国及其盟友（1985年时的情况）

华沙条约组织阵营
苏联及其盟友（1985年时的情况）

冷战冲突

远程预警线

铁幕
冷战双方的分界线，之所以称为铁幕，是因为这里是一道很难跨越和隐藏的屏障。

1963年，美国和苏联之间设立了一条热线。

美军运输机给被封锁的城市送来供给，柏林的儿童欢呼雀跃。

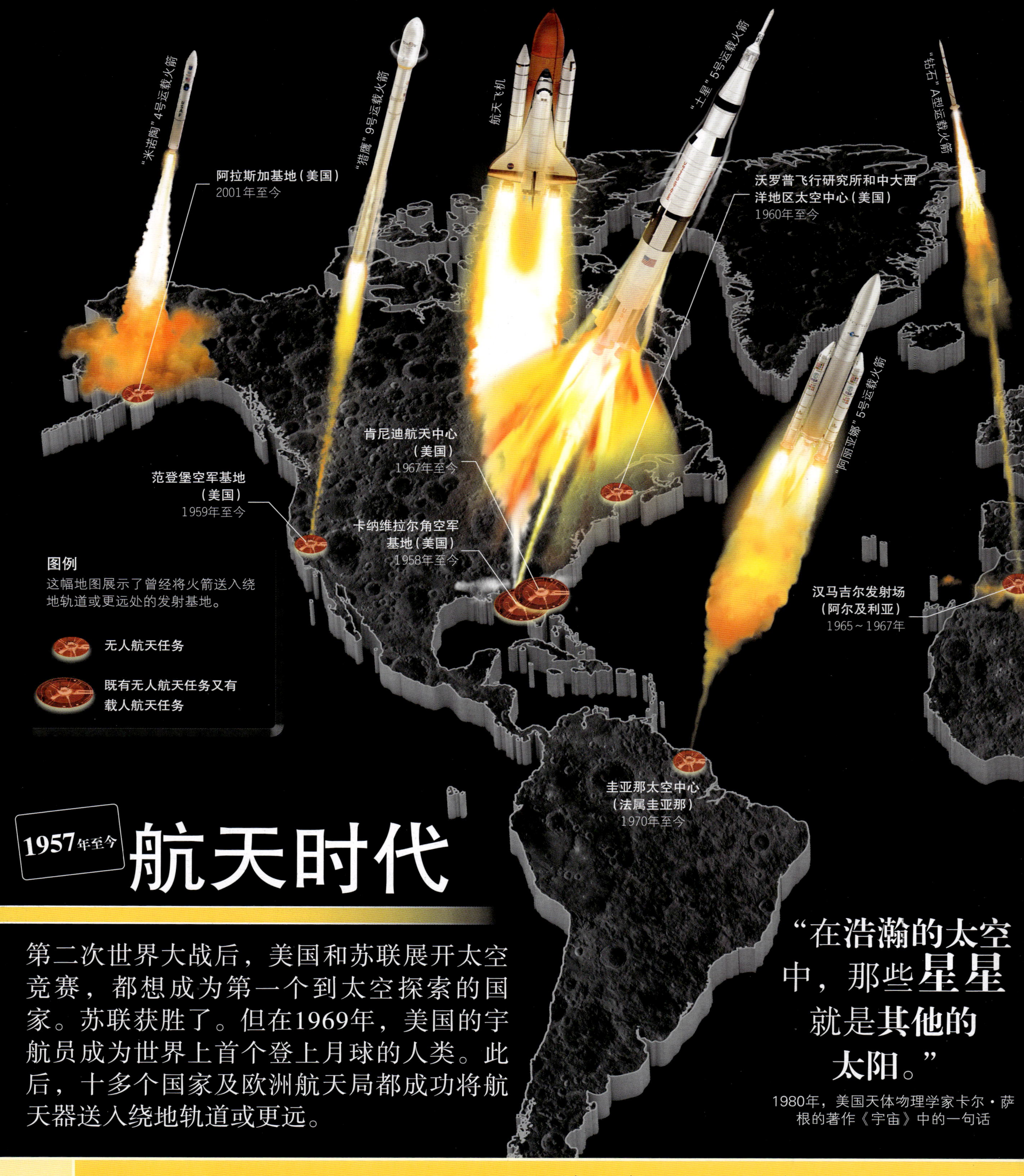

1957年至今

航天时代

第二次世界大战后，美国和苏联展开太空竞赛，都想成为第一个到太空探索的国家。苏联获胜了。但在1969年，美国的宇航员成为世界上首个登上月球的人类。此后，十多个国家及欧洲航天局都成功将航天器送入绕地轨道或更远。

"在浩瀚的太空中，那些**星星**就是**其他的太阳**。"

1980年，美国天体物理学家卡尔·萨根的著作《宇宙》中的一句话

第一个进入太空的人造物是苏联于

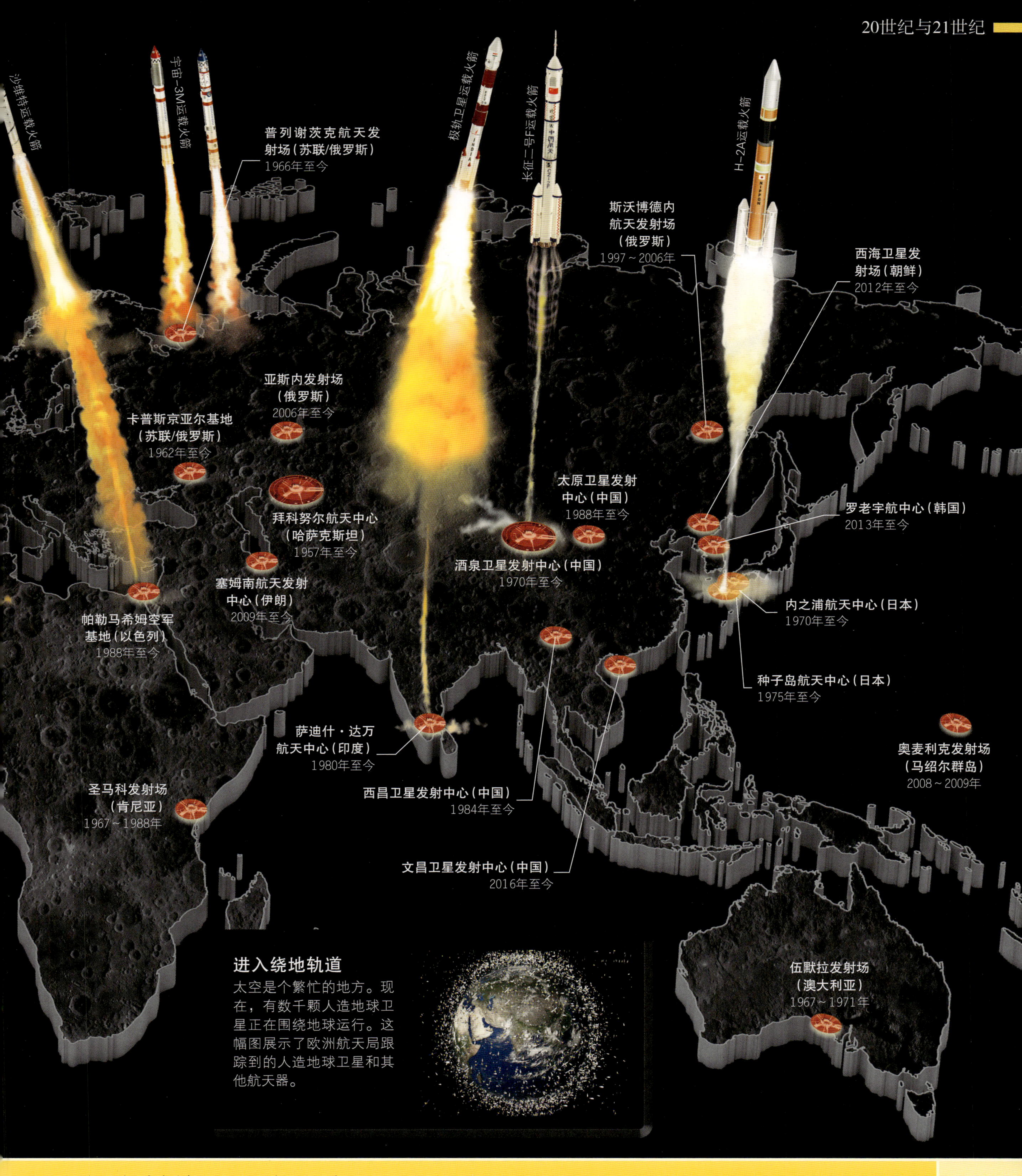

进入绕地轨道

太空是个繁忙的地方。现在，有数千颗人造地球卫星正在围绕地球运行。这幅图展示了欧洲航天局跟踪到的人造地球卫星和其他航天器。

1957年发射的“人造地球卫星”1号。

登月

1961年，当美国总统肯尼迪宣布美国将在十年内完成载人登月任务时，苏联已经成功向月球发射了航天器。1969～1972年，在“阿波罗”号飞船的6次载人登月任务中，有12名美国宇航员登上了月球。然而，从1972年至今，只有无人探测器和月球车对月球进行过探索。

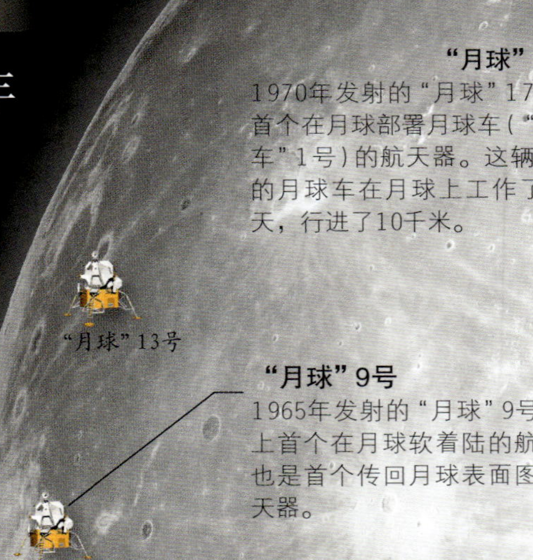

嫦娥三号

嫦娥三号是中国于2013年发射的月球探测器。它携带的“玉兔”号月球车在月球上一直工作到2016年。

“月球”17号

1970年发射的“月球”17号是首个在月球部署月球车（“月球车”1号）的航天器。这辆苏联的月球车在月球上工作了322天，行进了10千米。

“月球”9号

1965年发射的“月球”9号是世界上首个在月球软着陆的航天器，也是首个传回月球表面图片的航天器。

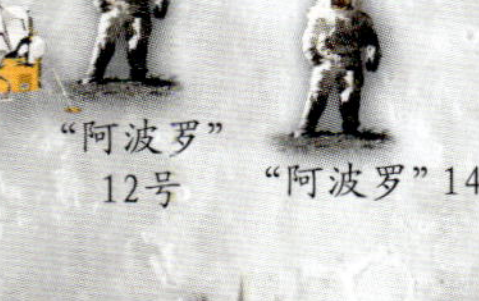

“勘测者”1号

1966年发射的“勘测者”1号是美国首个在月球软着陆的航天器。它探测了月球表面的温度和硬度，为载人登月做准备。

月球陨坑观测与传感卫星

它是在月球南极附近的陨石坑的黑暗角落寻找水冰的一系列航天器之一，2009年由美国发射。

图例

这幅地图展示了30次成功的登月任务的着陆地点。最早的任务只是单纯地撞击月球，目的是测试火箭的精准度。后来，工程师们设计出了可以安全软着陆的无人航天器（探测器）。目前实现了月球表面软着陆的国家只有美国、苏联、中国和印度。

 探测器撞击月球

 探测器在月球软着陆

 探测器软着陆并带回了月球的岩石和土壤样本

 载人航天器着陆

 “阿波罗”号月球车

 “月球”号月球车

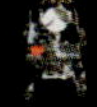 “玉兔”号月球车

“这是一个人的一小步，却是全人类的一大步。”

1969年，尼尔·阿姆斯特朗在踏上月球表面时这样说

2019年，中国的嫦娥四号成功登陆月球背面，

成为第一个在月球背面软着陆的人造航天器。

1969年至今 互联网

互联网是一个可以让计算机（包括手机、笔记本电脑及其他移动电子设备）共享信息的庞大网络。这一构想最早产生于1962年，称作“星际计算机网络”。世界上首个付诸实践的网络是1969年建成的阿帕网。它是1983年建成的互联网的前身。

阿帕网发出的第一条信息是“LOGIN”。“L”和“O”接收

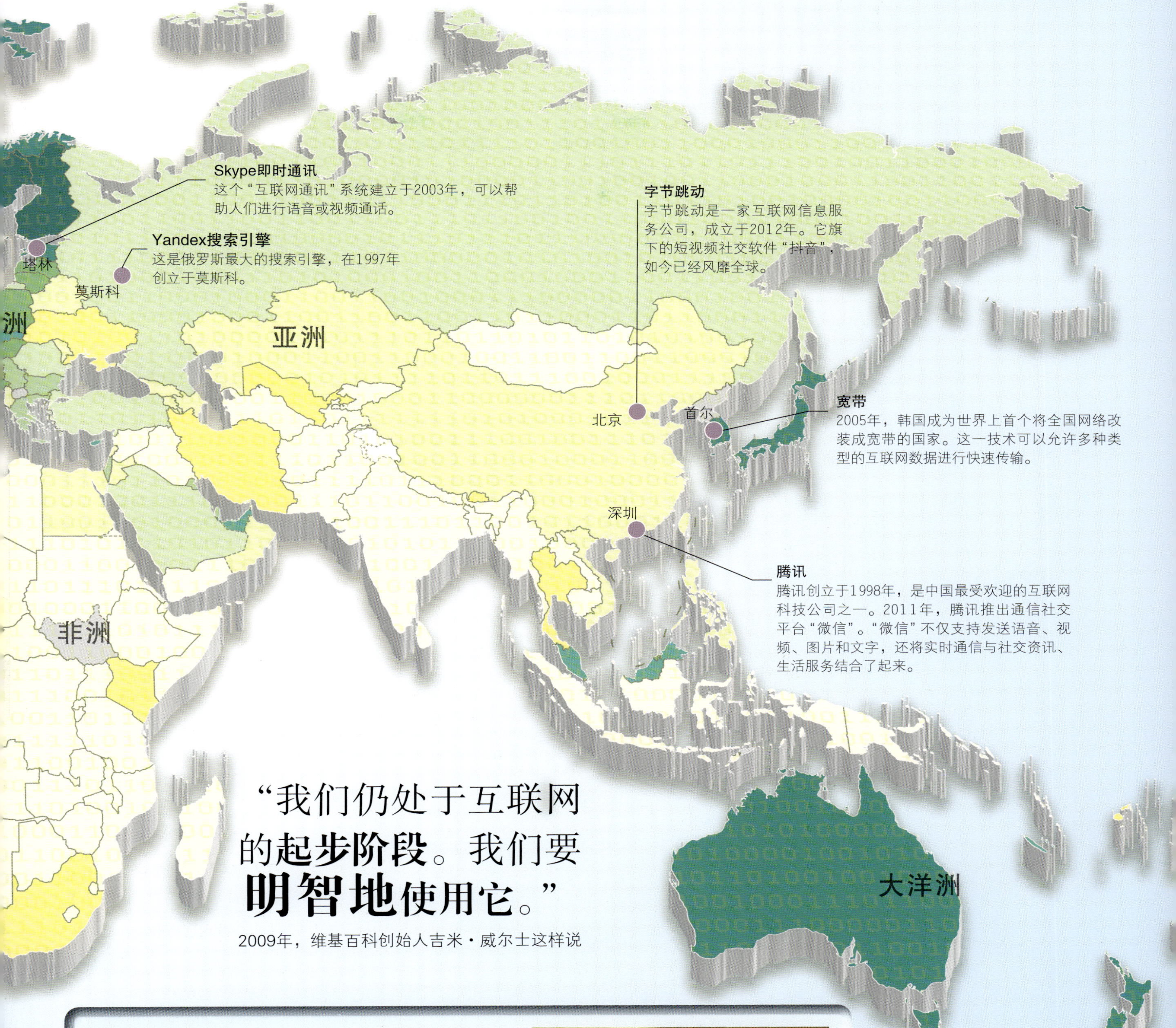

塔林

Skype即时通讯
这个“互联网通讯”系统建立于2003年，可以帮助人们进行语音或视频通话。

莫斯科

Yandex搜索引擎
这是俄罗斯最大的搜索引擎，在1997年创立于莫斯科。

北京

字节跳动
字节跳动是一家互联网信息服务公司，成立于2012年。它旗下的短视频社交软件“抖音”，如今已经风靡全球。

首尔

宽带
2005年，韩国成为世界上首个将全国网络改装成宽带的国家。这一技术可以允许多种类型的互联网数据进行快速传输。

深圳

腾讯
腾讯创立于1998年，是中国最受欢迎的互联网科技公司之一。2011年，腾讯推出通信社交平台“微信”。“微信”不仅支持发送语音、视频、图片和文字，还将实时通信与社交资讯、生活服务结合了起来。

亚洲

非洲

大洋洲

“我们仍处于互联网的**起步阶段**。我们要**明智地**使用它。”

2009年，维基百科创始人吉米·威尔士这样说

万维网

互联网有多种用途，例如传输电子邮件、玩在线游戏和在线聊天等，其中使用最普遍的是万维网(Web)。这是一个利用超链接(即能够为用户链接到更多相关的信息)将数据页面(网页)连接起来的系统。到2008年时，网页数量已经达到了1万亿。搜索引擎能够帮助用户以任何词语检索网页。

在万维网创立20周年时，其发明者蒂姆·伯纳斯-李展示了第一台网站服务器。

成功了，而系统在接收字母“G”时崩溃了。

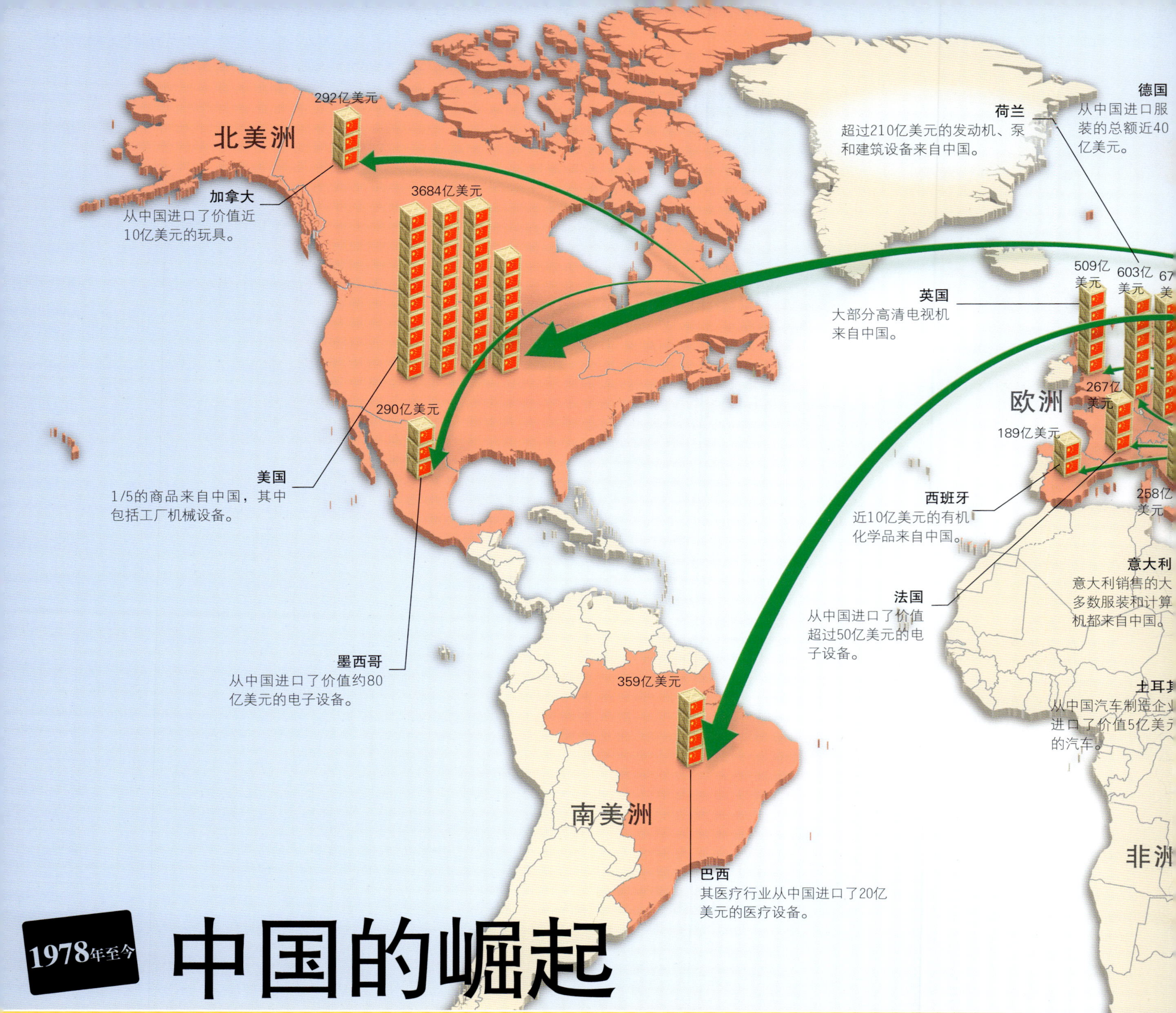

北美洲

292亿美元

加拿大
从中国进口了价值近10亿美元的玩具。

3684亿美元

美国
1/5的商品来自中国，其中包括工厂机械设备。

290亿美元

墨西哥
从中国进口了价值约80亿美元的电子设备。

荷兰
超过210亿美元的发动机、泵和建筑设备来自中国。

德国
从中国进口服装的总额近40亿美元。

509亿美元

603亿美元

67
美

英国
大部分高清电视机来自中国。

欧洲

267亿美元

189亿美元

258亿美元

西班牙
近10亿美元的有机化学品来自中国。

法国
从中国进口了价值超过50亿美元的电子设备。

意大利
意大利销售的大多数服装和计算机都来自中国。

土耳其
从中国汽车制造企业进口了价值5亿美元的汽车。

359亿美元

南美洲

巴西
其医疗行业从中国进口了20亿美元的医疗设备。

非洲

1978年至今

中国的崛起

从20世纪70年代起，中国的财富以一种惊人的速度在增长。2013年，中国超过美国，成为世界第一大货物贸易国。中国变得如此繁荣的主要原因之一是它向世界各地销售的商品金额超过了世界上任何一个国家。

图例

这幅地图展示的是2013年中国成为世界第一大货物贸易国时，向世界上一些国家出口商品的情况。

2013年，进口中国商品的主要国家

从中国进口了价值100亿美元的商品

中国商品的出口方向

2000～2010年，中国的经济增长速度比美国快7倍。

摩天大楼

中国不仅越来越富裕，其建筑物也越建越高。建筑工程师们在中国建造了许多世界顶尖的摩天大楼。这些摩天大楼主要集中在香港、上海（右图）、广州等城市。

平均每个中国人的财富达到了原来的2.5倍。

索引

J

K

L

M

T

W

X

致谢

DK公司由衷感谢：Debra Wolters for proofreading, Helen Peters for indexing, Micah Walter-Range, director of research and analysis, Space Foundation, for advice on space exploration, and Rhonda Black, director of Aboriginal Studies Press (ASP), Australian Institute of Aboriginal and Torres Strait Islander Studies (AIATSIS) for help on Australia.

本书出版商由衷感谢以下名单中的人员提供图片使用权：
缩写说明：a– 上方；b– 下方/底部；c– 中间；f– 底图；l– 左侧；r– 右侧；t– 顶端。

2 Dreamstime.com: Borna Mirahmadian (tr). **3 Alamy Images:** The Keasbury-Gordon Photograph Archive (tc). **Getty Images:** Don Bayley / E+ (tl). **NASA:** (tr). **4–5 Dreamstime.com:** Borna Mirahmadian. **6 Science Photo Library:** P.Plailly / E.Daynes (tl). **7 Getty Images:** MyLoupe / UIG (br). **8 Alamy Images:** M&G Therin-Weise / age fotostock Spain, S.L. (cl). **Dorling Kindersley:** Zygote Media Group (bc). Getty Images: Auscape / UIG (crb). **Science Photo Library:** John Reader (cb). **9 Alamy Images:** Phil Degginger (ca). **13 Getty Images:** Belinda Wright / National Geographic (br). **15 Alamy Images:** Nico van Kappel / Buiten-Beeld (cr). **17 Alamy Images:** Photography by Steve Allen (bl). **18 Dreamstime.com:** Edwardgerges (tc/Background). **Getty Images:** De Agostini / S. Vannini (br). **19 Corbis:** (bl). **Getty Images:** DEA / A. Dagli Orti (br). **20 Getty Images:** DEA / G. Dagli Orti (tc). **21 123RF.com:** Javier Espuny (bc). **Dreamstime.com:** Edwardgerges (br). **25 Dorling Kindersley:** University Museum of Archaeology and Anthropology, Cambridge (tl, tc). **26 Dorling Kindersley:** Tim Draper / Rough Guides (br). iStockphoto.com: mofl es (tr). **27 Corbis:** Richard A. Cooke (tc). **31 Corbis:** Bettmann (br). **32 Corbis:** Araldo de Luca (clb). **33 Getty Images:** Greek School (tr). **34 Dorling Kindersley:** Tim Draper / Rough Guides (tl). **35 Dreamstime.com:** Dashark (b). **37 Corbis:** Bettmann (tr). **44 Science Photo Library:** Christian Jegou Publiphoto Diffusion (bc). **46–47 Getty Images:** Don Bayley / E+. **48 Alamy Images:** World History Archive (br). **49 Corbis:** Alessandro Della Bella / Keystone (br). **50 123RF.com:** prashantzi (cr); Anna Yakimova (fcra). **Corbis:** Smithsonian Institution (ca/Metalwork). **Dorling Kindersley:** Ian Aitken / Rough Guides (tc/Wine). **Dreamstime.com:** Isatori (cr/Spices); Николай Григорьев (tc); Viktorfischer (ca); Ghassan Safi (cra); Suronin (clb). **51 123RF.com:** serezniy (cra). **Alamy Images:** FancyVeerSet18 (ca). **Dorling Kindersley:** English CIvil War Society (cb); Natural History Museum, London (cla). **Dreamstime.com:** Rodigest (cr). **Pearson Asset Library:** Cheuk-king Lo. (cl). **54 Corbis:** Christie's Images (bl). **Getty Images:** Werner Forman / Universal Images Group (clb). **56 Corbis:** Richard du Toit (br). **Dreamstime.com:** Alexandre Fagundes De Fagundes (clb). **Getty Images:** Spice (tc). **57 Corbis:** Liu Liqun (tc). **59 iStockphoto.com:** RFStock (tr). **60 Corbis:** Morandi Bruno / Hemis (bc). **66 Dreamstime.com:** Sergii Moskaliuk (tl, br). **70 Alamy Images:** The Art Archive (tl). **72–73 The Bridgeman Art Library:** Howlett, Robert (1831-58) / Private Collection / The Stapleton Collection. **74 Dorling Kindersley:** National Maritime Museum, London (tl). **75 Dorling Kindersley:** Didcot Railway Centre (br). **76 Corbis:** Leemage (bl). **78 Getty Images:** The British Library / Robana (cl). **80 iStockphoto.com:** Wizarts (bc). **82 Alamy Images:** Archive Images (bl). **83 Getty Images:** Imagno (crb). **84 Dreamstime.com:** Travis Manley (bc). **86 Corbis:** Baldwin H. Ward & Kathryn C. Ward (tr). **Dreamstime.com:** Travis Manley. **86** akg-images: (tc). **89 Rex Features:** Courtesy Everett Collection (cra). **92 Getty Images:** Gerard Sioen / Gamma-Rapho (bl). **97 Getty Images:** French School / The Bridgeman Art Library (crb). **101 Dorling Kindersley:** Down House / Natural History Museum, London (cra). **103 Alamy Images:** Nancy Carter / North Wind Picture Archives (br). Dreamstime.com: Andreykuzmin (b, tr). **107 Corbis:** (tr). **109 Getty Images:** Pete Ryan / National Geographic (bl). **114 Dorling Kindersley:** B&O Railroad Museum, Baltimore, Maryland, USA (cla). **SuperStock:** Science and Society (tr). **115 Alamy Images:** Geoff Marshall (t). **Dorling Kindersley:** National Railway Museum, New Dehli (cl). **116 Mary Evans Picture Library:** (bc). **119 Alamy Images:** Prisma Archivo (cr). **Dreamstime.com:** Andreykuzmin (tr, b). **120–121 NASA. 124 Corbis:** Hulton-Deutsch Collection (tr, br). **124–125 Dreamstime.com:** Gibsonff; Ronfromyork (Union Jack). **126 Getty Images:** Hulton Archive (bl). **128 Corbis:** Bettmann (tc). **132 Corbis:** (bl). **135 Getty Images:** The Print Collector / Print Collector (br). **137** 中国大百科全书出版社: (tr). **Getty Images:** AFP (bc/Hirohito); Express (cb); Keystone (cb/Joseph Stalin); George Skadding / The Life Picture Collection (crb); Roger Viollet (bc, br). **138 Corbis:** Hulton-Deutsch Collection (tl). **141 Getty Images:** Cynthia Johnson / The Life Images Collection (br). **145 Corbis:** Bettmann (br). **147 ESA:** (bc). **148-149 NASA. 154 Getty Images:** Sebastian Derungs / AFP (bc). **153** 视觉中国: (tr)

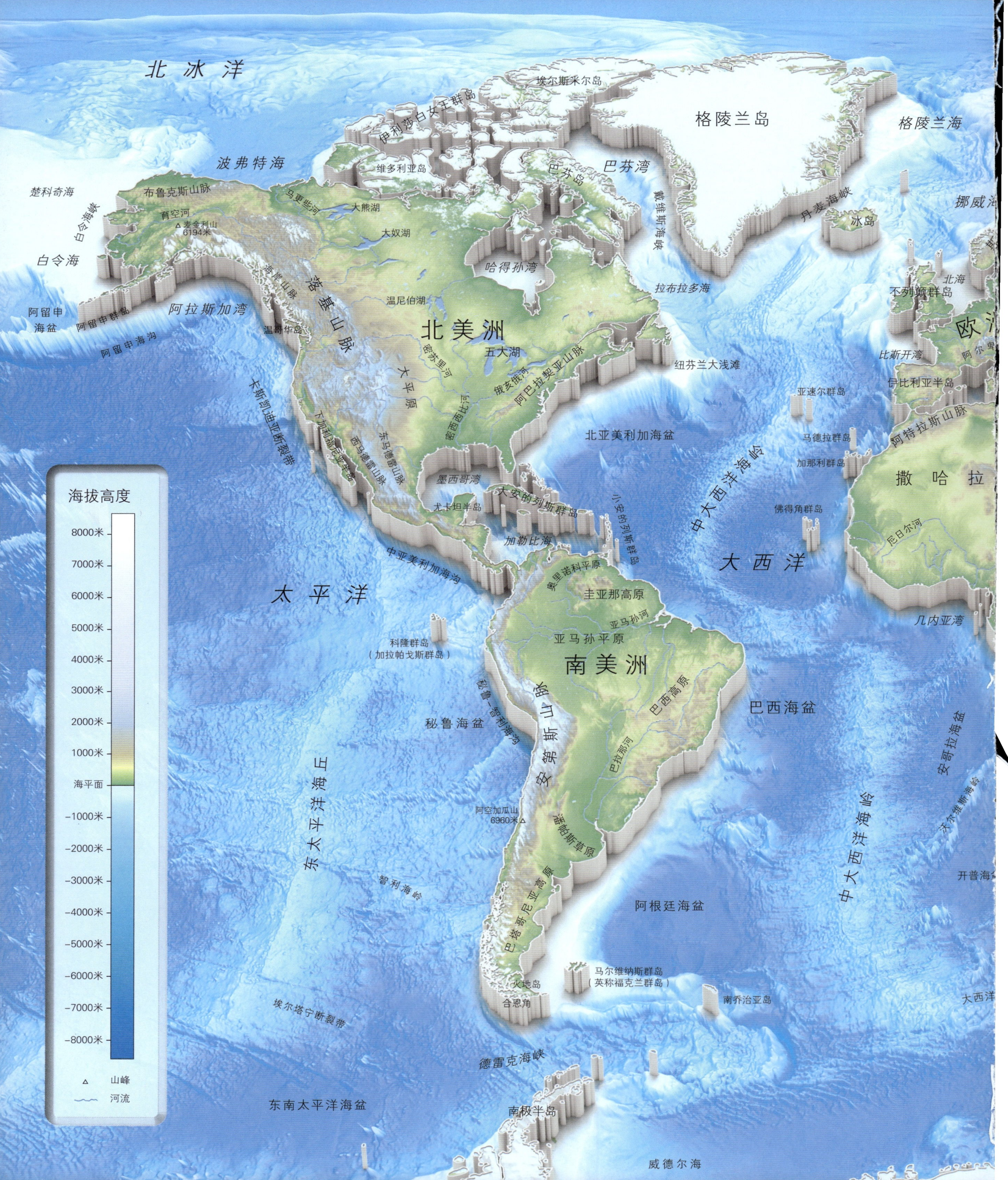

北冰洋
埃尔斯米尔岛
伊利莎白女王群岛
格陵兰岛
格陵兰海
波弗特海
维多利亚岛
巴芬岛
巴芬湾
楚科奇海
布鲁克斯山脉
马更些河
大熊湖
戴维斯海峡
丹麦海峡
白令海峡
育空河
麦金利山
6194米
大奴湖
冰岛
白令海
哈得孙湾
拉布拉多海
北海
不列颠群岛
阿留申
海盆
阿留申群岛
阿拉斯加湾
海岸山脉
落基山脉
温尼伯湖
温哥华岛
北美洲
阿留申海沟
密苏里河
五大湖
纽芬兰浅滩
比斯开湾
俄亥俄河
阿巴拉契亚山脉
大平原
亚速尔群岛
伊比利亚半岛
卡斯凯迪亚断裂带
密西西比河
北亚美利加海盆
阿特拉斯山脉
下加利福尼亚半岛
西马德雷山脉
东马德雷山脉
马德拉群岛
加那利群岛
中大西洋海岭
墨西哥湾
撒哈拉
大安的列斯群岛
尤卡坦半岛
小安的列斯群岛
佛得角群岛
加勒比海
尼日尔河
中亚美利加海沟
大西洋
太平洋
奥里诺科平原
圭亚那高原
亚马孙河
几内亚湾
亚马孙平原
科隆群岛
（加拉帕戈斯群岛）
南美洲
秘鲁—智利海沟
巴西高原
巴西海盆
秘鲁海盆
安第斯山脉
安哥拉海盆
巴拉那河
东太平洋海丘
阿空加瓜山
6960米
潘帕斯草原
沃尔维斯海岭
中大西洋海岭
智利海岭
巴塔哥尼亚高原
开普海盆
阿根廷海盆
马尔维纳斯群岛
（英称福克兰群岛）
火地岛
合恩角
南乔治亚岛
埃尔塔宁断裂带
德雷克海峡
南极半岛
东南太平洋海盆
威德尔海
海拔高度
8000米
7000米
6000米
5000米
4000米
3000米
2000米
1000米
海平面
-1000米
-2000米
-3000米
-4000米
-5000米
-6000米
-7000米
-8000米
山峰
河流